· 现代供应链管理与创新丛书 ·

U0692185

数字化采购与供应链管理

基于OTEP系统
落地实践

柳 荣◎著

人民邮电出版社

北 京

图书在版编目（CIP）数据

数字化采购与供应链管理：基于 OTEP 系统落地实践 / 柳荣著. -- 北京：人民邮电出版社，2025. -- ISBN 978-7-115-66246-0

Ⅰ. F25-39

中国国家版本馆 CIP 数据核字第 202538M5Z8 号

内 容 提 要

对企业来说，供应链管理能力在一定意义上就是核心竞争力，正所谓"得供应链者得天下"。为什么对很多企业来说供应链管理非常棘手，并且这些企业在学习其他企业的经验后反而抛弃了自己原有的供应链？如何构建适合企业自身实际的供应链？如何通过供应链管理增强企业核心竞争力？如何将数字化理念在供应链管理过程中落地？这些都是企业管理者急切想要了解的内容。

本书以 OTEP 采购组织（procurement organization）、采购思维（procurement thinking）、采购操守（procurement ethics）、采购绩效（procurement performance）模型为核心，为读者呈现了供应链构建和落地的思路与方案，适合采购与供应链相关从业者学习和使用。

◆ 著　　　　柳　荣

　责任编辑　李士振

　责任印制　彭志环

◆ 人民邮电出版社出版发行　　　北京市丰台区成寿寺路 11 号

　邮编　100164　电子邮件　315@ptpress.com.cn

　网址　https://www.ptpress.com.cn

　北京市艺辉印刷有限公司印刷

◆ 开本：700×1000　1/16

　印张：13　　　　　　　　　　2025 年 6 月第 1 版

　字数：197 千字　　　　　　　2025 年 6 月北京第 1 次印刷

定价：79.80 元

读者服务热线：(010)81055296　印装质量热线：(010)81055316

反盗版热线：(010)81055315

如何构建高效的数字化供应链

构建高效的数字化供应链已成为现代企业管理不可或缺的一环，它有助于企业降低运营成本、提升运作效率以及增强对市场的快速响应能力。在构建数字化供应链的过程中，企业需充分利用尖端信息技术，打造一个智能化的供应链管理平台。该平台能够实现供应链各环节信息的实时共享，使得从采购、生产到物流配送的整个流程都能得到有效的管理和监控。

在采购环节，数字化供应链管理通过全面管理供应商信息，并利用数据分析与挖掘技术，识别并选择优质供应商资源，优化采购渠道，从而降低采购成本。同时，采购订单的自动化处理显著提升了工作效率，并减少了人为错误和延误。

在生产环节，数字化供应链管理能够确保生产计划的精确制订与执行。通过实时监控生产过程并进行数据分析，企业能够及时发现并解决生产中的问题，确保产品质量和生产效率。此外，数字化供应链管理还能够优化生产资源的配置，提高资源的利用效率。

在物流配送环节，数字化供应链管理实现了订单信息的实时更新与共享，提高了物流运作的透明度和可追溯性。通过智能调度和优化算法，企业能够合理规划运输路线和配送时间，从而降低物流成本并提升客户满意度。

然而，对于许多企业而言，数字化供应链管理的构建无法一蹴而就，它可能需要经历一个漫长的过程才能显现成效。企业数字化供应链管理的构建，关键在于从思维、组织、绩效、职业操守等多个维度梳理出整体框架。在此框架指导下，企业应从各个细节入手，逐步推进数字化供应链管理的构建，以实现供应链管理的健康与良性发展。

不少企业急于求成，盲目引入并不适合自身实际的数字化系统，结果不仅未能成功构建数字化供应链，反而丧失了原有的竞争优势。这种案例并不鲜见。

无论是个人还是企业，在进行任何工作时都必须遵循"道—法—术—器"的基本逻辑。不了解事物的本质逻辑和规律（道），不掌握系统性的策略（法），仅从局部视角出发，盲目走一些捷径（术），使用一些不适宜的工具（器），最终可能导致本末倒置，结果惨不忍睹。

因此，构建高效的数字化供应链，其核心在于打造一个高效的供应链体系，而数字化则应被视为提升效率、降低成本的手段和工具。

本书在 OTEP 模型的基础之上，先讲清楚供应链构建的核心底层逻辑和方法，再分析提升企业竞争力的战略，并介绍一些供应链管理的工具和方法，希望能给大家带来一些有益的启示。

目录

第1章　为什么供应链会高效地搞垮企业

1.1　市场竞争与企业盈利能力 …………………………………… 002

1.1.1　市场竞争环境分析的两个角度 ………………………… 003

1.1.2　供应链战略与企业盈利能力的直接关系 ……………… 003

1.1.3　小米供应链的运营特点 ………………………………… 005

1.1.4　咨询团队导致企业战略规划迷失方向的原因 ………… 007

1.2　企业供应链的战略价值 ……………………………………… 008

1.2.1　企业竞争战略如何影响企业发展 ……………………… 009

1.2.2　供应链战略的价值 ……………………………………… 010

1.2.3　供应链战略决定企业组织架构 ………………………… 012

1.3　为什么构建供应链需要组织架构的变革 …………………… 014

1.3.1　"小马拉大车"的无奈 ………………………………… 014

1.3.2　以爬树能力考核大象的闹剧 …………………………… 015

1.3.3　"空降"供应链管理系统的悲剧 ……………………… 016

1.4　亟待改变的供应链现状 ……………………………………… 017

1.4.1　中国企业供应链运营现状分析 ………………………… 017

1.4.2　经验式、粗放式与拼接式 ……………………………… 018

1.4.3　供应链运营模式的逻辑架构 …………………………… 021

1.4.4　数字化供应链设计 ……………………………………… 023

第2章　基于 OTEP 的供应链竞争模型

2.1　供应链的四大显著特性 ……………………………………… 028

2.1.1　战略传承性 ……………………………………………… 028

2.1.2　系统性与整体性 ………………………………………… 029

2.1.3　动态变化性 ……………………………………………… 030

2.2 基于企业竞争战略的四大供应链分解 ……………………… 033

2.3 基于企业竞争战略的四大采购与供应链竞争模型汇总 ……… 038

2.4 战略采购的 3 个板块 ……………………………………… 040

2.5 基于企业竞争战略的 OTEP 采购系统管理方案 …………… 043

    2.5.1 采购与供应链管理 OTEP 模型架构 ………………… 043

    2.5.2 采购绩效：采购能力模型和采购任务模型 ………… 046

2.6 供应链全局优化：提升供应链核心竞争力的策略 ………… 051

    2.6.1 从组织机制层面提高协作效率 ……………………… 051

    2.6.2 供应链全局优化理念 ………………………………… 057

    2.6.3 落地方法：2 个原则、3 个流程、5 个层面 ……… 059

第 3 章 企业的竞争力与供应链支撑

3.1 企业竞争战略与供应链战略定位 ………………………… 074

    3.1.1 企业竞争战略定位分析 ……………………………… 074

    3.1.2 企业供应链战略定位分析 …………………………… 079

3.2 企业竞争优势构建 ………………………………………… 081

    3.2.1 企业竞争优势分析策略 ……………………………… 081

    3.2.2 企业竞争优势构建的具体方法 ……………………… 082

3.3 外部宏观分析工具 ………………………………………… 084

    3.3.1 PEST ………………………………………………… 084

    3.3.2 SWOT 分析矩阵 …………………………………… 087

    3.3.3 波特五力模型 ………………………………………… 089

    3.3.4 竞争市场分析 ………………………………………… 093

    3.3.5 品类分析 ……………………………………………… 097

3.4 OTEP 战略调色盘 ………………………………………… 099

    3.4.1 基于市场竞争力的战略分析 ………………………… 099

    3.4.2 对市场需求品类和需求量的分析 …………………… 102

第 4 章 数字化供应链核心流程与组织落地

4.1 供应链管理的组织基础 …………………………………… 106

4.1.1　流程支撑战略 ⋯⋯⋯⋯⋯⋯⋯⋯⋯⋯⋯⋯⋯⋯⋯⋯⋯⋯⋯ 106

4.1.2　先有流程，后有组织 ⋯⋯⋯⋯⋯⋯⋯⋯⋯⋯⋯⋯⋯⋯⋯⋯ 107

4.1.3　组织设计的逻辑 ⋯⋯⋯⋯⋯⋯⋯⋯⋯⋯⋯⋯⋯⋯⋯⋯⋯⋯ 109

4.1.4　不同的采购组织 ⋯⋯⋯⋯⋯⋯⋯⋯⋯⋯⋯⋯⋯⋯⋯⋯⋯⋯ 111

4.2　供应链管理的核心流程体系 ⋯⋯⋯⋯⋯⋯⋯⋯⋯⋯⋯⋯⋯⋯⋯ 116

4.2.1　需求管理：如何做好需求计划与需求分析工作 ⋯⋯⋯⋯ 116

4.2.2　订单流程管理：以交付为导向 ⋯⋯⋯⋯⋯⋯⋯⋯⋯⋯⋯ 121

4.2.3　新产品订单流程管理 ⋯⋯⋯⋯⋯⋯⋯⋯⋯⋯⋯⋯⋯⋯⋯ 128

4.3　供应链管理的辅助流程 ⋯⋯⋯⋯⋯⋯⋯⋯⋯⋯⋯⋯⋯⋯⋯⋯⋯ 130

4.3.1　商务流程 ⋯⋯⋯⋯⋯⋯⋯⋯⋯⋯⋯⋯⋯⋯⋯⋯⋯⋯⋯⋯ 130

4.3.2　供应商开发管理 ⋯⋯⋯⋯⋯⋯⋯⋯⋯⋯⋯⋯⋯⋯⋯⋯⋯ 134

4.3.3　供应商分阶段与分级分类管理 ⋯⋯⋯⋯⋯⋯⋯⋯⋯⋯⋯ 138

4.3.4　供应商关系管理 ⋯⋯⋯⋯⋯⋯⋯⋯⋯⋯⋯⋯⋯⋯⋯⋯⋯ 140

4.3.5　供应商稽核管理 ⋯⋯⋯⋯⋯⋯⋯⋯⋯⋯⋯⋯⋯⋯⋯⋯⋯ 144

4.3.6　供应商绩效管理 ⋯⋯⋯⋯⋯⋯⋯⋯⋯⋯⋯⋯⋯⋯⋯⋯⋯ 146

4.3.7　供应商风险管理 ⋯⋯⋯⋯⋯⋯⋯⋯⋯⋯⋯⋯⋯⋯⋯⋯⋯ 149

4.4　供应链管理流程设计 ⋯⋯⋯⋯⋯⋯⋯⋯⋯⋯⋯⋯⋯⋯⋯⋯⋯⋯ 151

4.4.1　采购计划与预算管理 ⋯⋯⋯⋯⋯⋯⋯⋯⋯⋯⋯⋯⋯⋯⋯ 152

4.4.2　采购交期管理 ⋯⋯⋯⋯⋯⋯⋯⋯⋯⋯⋯⋯⋯⋯⋯⋯⋯⋯ 153

4.4.3　采购成本管理 ⋯⋯⋯⋯⋯⋯⋯⋯⋯⋯⋯⋯⋯⋯⋯⋯⋯⋯ 155

4.4.4　采购质量管理 ⋯⋯⋯⋯⋯⋯⋯⋯⋯⋯⋯⋯⋯⋯⋯⋯⋯⋯ 158

4.4.5　库存与物流管理 ⋯⋯⋯⋯⋯⋯⋯⋯⋯⋯⋯⋯⋯⋯⋯⋯⋯ 160

4.4.6　其他管理流程 ⋯⋯⋯⋯⋯⋯⋯⋯⋯⋯⋯⋯⋯⋯⋯⋯⋯⋯ 162

4.5　供应链组织设计 ⋯⋯⋯⋯⋯⋯⋯⋯⋯⋯⋯⋯⋯⋯⋯⋯⋯⋯⋯⋯ 165

4.5.1　供应链组织设计的原则 ⋯⋯⋯⋯⋯⋯⋯⋯⋯⋯⋯⋯⋯⋯ 165

4.5.2　渠道供应链组织 ⋯⋯⋯⋯⋯⋯⋯⋯⋯⋯⋯⋯⋯⋯⋯⋯⋯ 167

4.5.3　精益供应链组织 ⋯⋯⋯⋯⋯⋯⋯⋯⋯⋯⋯⋯⋯⋯⋯⋯⋯ 167

4.5.4　柔性供应链组织 ⋯⋯⋯⋯⋯⋯⋯⋯⋯⋯⋯⋯⋯⋯⋯⋯⋯ 168

4.5.5　敏捷供应链组织 ⋯⋯⋯⋯⋯⋯⋯⋯⋯⋯⋯⋯⋯⋯⋯⋯⋯ 168

第5章　数字化供应链管理工具及其应用

5.1　供应商管理库存（VMI） ⋯⋯⋯⋯⋯⋯⋯⋯⋯⋯⋯⋯⋯⋯⋯⋯ 170

5.1.1　VMI 的基本思想 ⋯⋯⋯⋯⋯⋯⋯⋯⋯⋯⋯⋯⋯⋯⋯⋯⋯ 170

　　5.1.2　实施 VMI 的好处 ················· 171

　　5.1.3　VMI 的实施方法 ················· 173

　　5.1.4　VMI 的具体应用 ················· 174

5.2　联合管理库存（JMI）················· 175

　　5.2.1　JMI 的基本思想 ················· 175

　　5.2.2　JMI 的优点及实施要点 ················· 176

5.3　快速响应法（QR）················· 177

　　5.3.1　QR 的定义和优点 ················· 177

　　5.3.2　QR 成功的条件及其实施步骤 ················· 178

5.4　有效客户响应（ECR）················· 180

　　5.4.1　ECR 的定义与特点 ················· 180

　　5.4.2　实施 ECR 的原则 ················· 181

　　5.4.3　ECR 系统的构建 ················· 182

　　5.4.4　ECR 与 QR 的比较 ················· 183

5.5　协同规划、预测及连续补货（CPFR）················· 184

　　5.5.1　CPFR 的概念 ················· 185

　　5.5.2　CPFR 的实施步骤 ················· 186

　　5.5.3　CPFR 实施过程中需要关注的 5 个要点 ················· 187

第 6 章　采购数字化

6.1　什么是采购数字化 ················· 190

6.2　采购数字化对企业的价值与要求 ················· 192

6.3　采购数字化的实施步骤 ················· 196

6.4　采购数字化的要点与风险 ················· 197

6.5　采购数字化效果评估的关键要点 ················· 198

第 **1** 章

为什么供应链会高效地搞垮企业

在探讨企业成长之道时，我们时常听企业领导者提及"学习 500 强企业优秀经验"。然而，在实际操作中，尽管企业领导者满怀信心，但企业的盈利并未增长，甚至出现了下滑的趋势。这一现象似乎与他们期望通过借鉴成功经验提升企业盈利能力的初衷相悖。

深入分析这一现象，我们不难发现，其源于一种过于简单的"拿来主义"心态。诚然，500 强企业的供应链体系有其独特的优势和色彩，但并非其所有元素都适用于其他企业。简单地复制和模仿，往往很容易忽视企业自身的特性和市场环境的差异。

因此，为使企业可持续发展，企业领导者必须摒弃这种简单的"拿来主义"心态。企业的竞争战略与供应链竞争模型必须精准匹配，形成共同的目标和愿景。只有构建具有竞争力的产品 / 服务平台，企业才能够满足客户的长期需求，进而实现盈利的持续增长。这样，企业领导者才能真正从 500 强企业优秀经验中汲取营养，推动企业不断向前发展。

1.1 市场竞争与企业盈利能力

在商业领域，供应链战略占据核心地位，直接关联着企业的经济效益。即便在产业环境充满挑战、产业结构不尽完善、利润空间相对有限的背景下，那些精心设计并高效执行供应链战略的企业，依旧能在行业中脱颖而出，取得更为可观的回报。

因此，企业领导者应深刻认识到供应链战略对市场竞争的深远影响，并不断探索如何通过优化供应链战略来进一步提升企业的盈利能力。

1.1.1 市场竞争环境分析的两个角度

企业身处市场竞争环境中，务必正视并适应竞争格局。分析市场竞争环境，需从两个角度出发：一是从企业个体的角度出发，对竞争对手的实力进行观察与分析；二是从产业竞争结构的角度出发，对企业所处的战略群组进行观察与分析。

1. 竞争对手

竞争对手在企业的经营活动中扮演着至关重要的角色，它们既是直接的影响者，也是被影响者。为了保持竞争优势和应对市场变化，企业必须对竞争对手进行深入分析。这种分析应涵盖竞争对手的战略目标、竞争对手所采取的战略方法和手段，以及它们如何运用自身的资源和能力来参与市场竞争。同时，企业还需预测竞争对手在参与竞争的过程中可能做出的反应，以便做出相应的战略调整。

2. 战略群组

战略群组指的是在同一产业中，采取相同或相似战略的企业所构成的集合体。一般而言，某一产业内可能并存数个不同的战略群组，每个战略群组有着迥异的战略方向。

通过对战略群组的深入分析和精确识别，企业能够更全面地了解自身直接面临的竞争压力。由于同一战略群组内的所有企业均遵循着相似乃至相同的战略发展路径，因此同一战略群组内的其他企业往往是企业竞争压力的主要来源。

进一步地，不同的战略群组在竞争结构上表现出显著的差异性，其中部分战略群组可能展现出更强的盈利能力。在这种情况下，企业需进行审慎评估，明确自身是否应进入这些具备潜在优势的特定战略群组。

1.1.2 供应链战略与企业盈利能力的直接关系

供应链指的是围绕企业所构建的一个复杂网络，它涵盖了从供应商至客户的所有环节，具体包括物流、信息流、资金流以及知识流等核心要素。供应链管理则是对供应链中各个环节的精心设计、细致维护的体现，它涵盖了从上游企业的供应管理，到企业自身运作流程的优化，直至为最终客户提供卓越的产品或服务这一完整链条。

在供应链战略的设计与实施过程中，核心企业肩负着对整条供应链进行全局规划与管控的重要职责。这一战略涵盖了原材料的采购与运输、产品的生产、产品的配送与交付以及售后服务等多个环节。通过实施精心制定的供应链战略，企业能够有效突破传统业务模式的限制，为产品或服务在时间与空间中的流转过程赋予更高的价值，进而实现利润的最大化。供应链战略是企业竞争战略的主要组成部分，企业竞争战略和供应链战略的逻辑关系如图 1.1.1 所示。

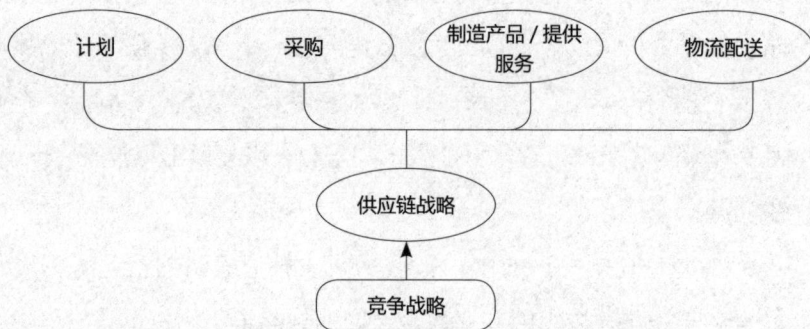

图 1.1.1　竞争战略和供应链战略的逻辑关系

企业通过实施严谨且稳健的供应链战略，能够确保产品或服务的高品质，进而满足日益多样化的客户需求，从而显著提升盈利能力，确保在竞争激烈的市场环境中保持稳固的竞争优势。

供应链战略与企业盈利能力的直接关系主要表现在以下几个方面。

1. 存货周转率及资金周转率

供应链战略的实施效果直接对存货周转率及资金周转率产生深远影响。在合理的范围内，若企业能够实现较高的存货周转率及资金周转率，则其在市场竞争中的盈利能力将得到显著提升。

2. 库存水平

实施科学且高效的供应链战略能够缩短原材料抵达销售终端的时间，降低整个供应链体系中的库存水平，从而提升供应链的运作效率。这样，企业可以更加充分地利用原材料、产品、空间和时间等资源，进而提升盈利能力。

3. 直接成本

企业的直接成本主要涵盖制造成本以及物料采购成本两大方面。通过实施有效的供应链战略，企业能够从供应链整体出发，实现成本的优化与整合，进而显著降低成本，从而提升盈利能力。鉴于企业供应链战略与盈利能力之间的紧密联系，人们往往会产生一种设想：是否可以将优秀企业的供应链战略直接引入自己的企业，以简化问题的处理？然而，实际情况并非如此简单。

1.1.3　小米供应链的运营特点

小米作为一家杰出的互联网公司，其迅猛发展的背后蕴含着多重优势。其中，高性价比的产品策略在其发展过程中发挥着举足轻重的作用，为小米带来了显著的经营成果。从更深层次来看，小米的成功实则是其对供应链战略的精准把握和高效执行的结果。

1. 整体运营特点

小米供应链的整体运营具有如下特点。

（1）在营销策略上，小米采取以社会化媒体和自媒体渠道为主导的低成本营销手段。其中，小米汽车特别侧重于借助企业负责人的个人品牌影响力，直接进行品牌推广和市场营销。这种策略旨在有效利用数字化时代的传播优势，实现品牌价值的最大化。

（2）在电子商务领域，小米致力于构建自有电商平台，并通过引入类电商模式的扁平化渠道结构，成功优化了交易流程，从而显著降低了渠道成本。这一举措不仅提升了交易效率，也进一步巩固了小米在电子商务市场的竞争力。

（3）在供应链管理的实际操作中，小米采取以需求为核心的管理策略，参考戴尔公司的"按需定制"模式，实行准时制（Just In Time，JIT）的零库存供应链管理。

（4）小米主动整合外部资源，构建轻资产的产品运营平台。

2. 环节运营特点

小米的供应链体系包括生产、仓储及销售 3 个方面。这些方面均体现了小米在供应链管理方面的独到见解。

（1）在生产方面，传统手机制造商习惯于在成本基础上增加一定比例，从而构成产品的盈利空间。随着产品生命周期的结束，价格曲线通常会趋向于与成本曲线重合，此时推出新一代产品成为确保企业持续获得盈利的必要举措。小米采用了别具一格的策略。首先，小米以低于成本的价格吸引客户，以此扩大市场规模，进而降低产品生产成本，实现盈利能力的提升。随后，小米通过对同一机型的迭代升级，有效延长了产品生命周期，从而进一步拓宽了盈利空间。

然而，这一策略也伴随着一定的风险。在发展初期，小米的大部分零部件依赖于国外供应商，其对供应链的掌控能力相对较弱，对供应商的供应问题缺乏足够的预见性和预测性。在面临供应问题时，若无法及时妥善地解决，则可能导致小米手机的订购和供应陷入停滞状态。为应对此风险，小米高层亲自介入，致力于构建与供应商的良好合作关系，并不定期派遣人员与供应商进行深入交流，以加强联系，消除潜在的负面影响。

（2）在仓储方面，传统制造业企业普遍依赖于规模庞大的仓储系统以储存制成品，而小米则采取了一种创新的策略——按需生产。具体而言，小米每周仅生产下周预计销售的产品。数周后，产品销量一旦达到一定规模，仓储成本便因分摊效应而降低。然而，这种策略并非毫无风险。小米的产品线在初期时常面临库存短缺的问题，这导致产品供不应求，无法满足市场需求。但随着时间的推移，小米控制信息流、物流和资金流的精确度日益提高，这类问题得到了有效解决。

（3）在销售方面，一般来说，企业销售产品需历经 3 级铺货流程，即从全国到省级，再到地市级代理，最终方能抵达消费者手中。这一过程导致供应链中的信息流、物流和资金流在较长的周期内才能获取市场反馈。鉴于此，小米采取线上渠道集中销售的策略，实现了产品直接从工厂流向消费者，从而大幅缩短了产品流通时间。同时，市场反馈通过线上渠道可以迅速传递至工厂，这促进了研发和生产效率的显著提升，并有效降低了营销成本。

此外，小米运用在线支付平台，实现了预收款后交付的交易模式，这在无形中加速了资金的流转。

得益于上述策略，小米的运营成本显著降低，并持续稳定在较低水平。随着渠道营销成本降低，小米手机的销量不断增长，这又进一步使其制造成本降低。因此，小米通过优化销售环节，有效地降低了成本，从而拥有了更强的盈利能力。

总体而言，小米结合其产业特性、资源优势和战略特点，构建了最符合自身需求的供应链模式。这种模式带来的优势使得小米手机的销量逐年增长。实际上，小米并未刻意模仿任何一家世界500强企业，而是依靠自身对供应链的深刻理解、定义、规划与运营，成功跻身世界500强企业的行列。这一成功案例也从侧面证明，只有基于对市场和自身竞争力的正确理解，选择正确的供应链模式，企业才能拥有较强的盈利能力。

1.1.4 咨询团队导致企业战略规划迷失方向的原因

为提升盈利能力，企业决定从提升战略规划水平着手，并诚邀多家咨询团队参与，以期获得优质的战略规划方案。然而，随着多家咨询团队的涌入，企业的战略规划过程反而受到了不利影响，战略规划方案的质量也未能达到预期，这导致企业无法实现既定的战略目标，更无法谈及长期的稳健发展，甚至在一定程度上削弱了企业的核心竞争力。

对于咨询团队的选择不当，往往会导致企业在战略规划上迷失方向。以下是导致此现象出现的一些常见原因。

1. 咨询团队未明确要素信息，导致战略误判

在战略咨询的实践中，部分咨询团队在深入剖析企业所处市场竞争环境时存在不足，对同类型竞争对手的特定战略未给予足够重视。具体而言，一些咨询团队倾向于选择易于获取或看似成功的标杆企业的供应链模式作为参照，进而设计方案。在此过程中，有时会出现过度依赖甚至直接套用标杆企业供应链模式的情况。

然而，值得注意的是，企业领导者在审视行业相关信息时，往往受主观偏好或历史经验的影响过大，未能准确把握竞争对手的核心特征及自身与竞争对手之间的实际差异。在这种情况下，即便有咨询团队的协助，企业也难以构建有效的信息获取渠道和机制。加之咨询团队在信息筛选上的习惯和选择性，咨询结果往往倾向于满足企业领导者的主观偏好，从而引发企业战略误判的风险。

2. 咨询团队未准确把握外部环境的变化

在深入企业以了解其基础状况的过程中，部分咨询团队过分聚焦于企业既有的特性，而对外部环境的变化缺乏足够的关注或存在误解。这种机械式的方法使得企业未能准确把握战略规划的核心前提，进而错失了创新所带来的竞争优势，从而对企业的盈利能力产生了不利影响。

3. 原有组织结构的制约

在多头组合咨询团队中，尽管各团队可能拥有不同的专业视角，但在面对企业内部既有的组织结构时，它们往往都比较谨慎或存在一定的顾虑，会尽量避免对其进行深度调整。然而，根据过往经验及行业趋势，新的战略规划往往需要突破原有职能部门的界限，实现跨部门的重新整合与高效协作，以确保核心业务流程的顺畅运行。

因此，一个真正具备专业水准的咨询团队，会致力于协助企业明确新的战略规划方向，深入剖析关键部门之间的内在联系，并据此设计出能够促使各关键部门相互支持、高效协作的组织架构，这将确保企业的战略规划能够真正帮助企业实现盈利能力的提升。

1.2　企业供应链的战略价值

企业供应链的战略价值不仅体现在恰当的管理理念和卓越的商业决策上，而且体现为其能够使企业持续获得盈利。因此，供应链管理不仅仅是对现行生产和服务模式的优化，更是对企业竞争战略更深层次的研究。

1.2.1 企业竞争战略如何影响企业发展

企业竞争战略，亦称企业经营战略或业务战略，是指企业在特定业务领域内，为赢得竞争优势所采取的策略。该概念侧重于阐述企业如何在特定市场环境中，通过自身的决策和努力，激发、构建并获取显著的竞争优势。

企业竞争战略所要解决的核心问题是，如何在现有的业务领域内构筑坚固的"堡垒"，使企业既能超越竞争对手，又能抵御新进入者，同时还能有效地与各方合作伙伴建立联系。

企业必须明确自身的竞争战略，因为竞争战略就像海洋中的灯塔，能指引企业确立长期而明确的竞争优势，使企业避免盲目跟随他人，停滞不前。此外，竞争战略有助于企业在竞争中有效地获取、调动和整合各种内外部资源，并加以充分利用，以更好地完成既定目标。

在发展过程中，企业会遇到不同的状况和面对多变的环境，需要根据当前的状况来确定其竞争战略。通常情况下，企业领导者会面临多种方案，需要从多方面进行权衡和积极评估，充分考虑内外部的各种因素。这表明，构建竞争战略绝非即兴之举，而是需要领导者积极地思考和行动。

成功地构建竞争战略仅仅是企业漫长征程的起点，接下来，企业将面临竞争战略的执行、控制和评估，这些步骤将直接影响企业的发展进程。

1. 竞争战略的执行

竞争战略的执行与企业组织结构紧密相关。一方面，任何竞争战略的执行都依赖于企业组织结构的有效运作；另一方面，企业组织结构亦需根据竞争战略进行适时调整。企业组织结构的作用在于协调资源和分配任务，正是通过其有效运作，战略目标得以有效分解并整合。因此，在加强内部管理的同时，企业必须不断调整其组织结构，以适应当前的竞争战略需求。而在制定竞争战略时，企业亦应将组织结构这一因素纳入考量范围，以确保竞争战略的执行与实际情况相符。

2. 竞争战略的控制

竞争战略控制涉及企业领导者依据既定战略目标，对竞争战略执行情况进行评估，并在执行过程中纠正偏差，以确保战略目标得以实现。竞争战略控制不仅确保了竞争战略的顺利执行，还允许对竞争战略进行科学的调整。通过竞争战略控制，企业领导者能够稳固地掌握企业航向，不断校正航线，同时设立并达成新的战略目标。

例如，企业领导者可以设定评估标准。这些标准旨在支持战略目标的实现，它们本身并非战略目标。在制定这些标准时，企业领导者必须充分理解竞争战略的形成基础，包括对内外部环境的分析和预测；另外他们还需要准确预测竞争战略的未来执行情况，并尽可能地进行定量描述。

企业领导者还应评估竞争战略执行的成效，利用既定标准来衡量竞争战略执行的成果，包括竞争战略执行情况、取得的成就以及当前成果与预期目标之间的差异。

此外，企业领导者应积极进行成效反馈。他们需要将从前两个步骤，即竞争战略的执行、控制中获得的信息及时传达给管理者和执行者，以促进必要的调整和改进。

OTEP 模型通过采购绩效（P）来打造战略闭环，从而实现企业竞争战略反馈与优化。

3. 竞争战略的评估

企业应构建一套高效的竞争战略评估体系，该体系需具备易于管理和操作的特点，并能在企业内部形成科学高效的决策支持和信息管理系统。在对竞争战略进行评估时，必须确保评估的适度性、准确性与全面性，并运用各种现代化的评估工具以实现信息的传递。

1.2.2 供应链战略的价值

供应链战略对于企业战略目标的实现具有决定性意义。企业必须通过精细的管理，才能借助供应链战略提升盈利能力，进而达成战略目标。企业领导者若真正重视供应链战略，将会对企业竞争战略有更深刻的理解和更周全的规划。

在规划和执行供应链战略的过程中，企业应以战略目标为总体指导，推动供应链运营模式的改善，并迅速有效地应对市场变化。在竞争战略的指导下，企业应致力于提升核心竞争力，明确自身在供应链中的定位，以便高效地集中资源并与供应链其他成员加强合作。

企业应与产业内外的合作伙伴紧密协作，共享利益，降低成本，减少风险，共同追求供应链整体价值的提升。同时，企业还应持续改进供应链中的各类流程，将运营、产品、服务、信息和资金流有效结合，以全面提升盈利能力。企业通过供应链战略的升级来提升盈利能力，主要体现在两个方面：一是显著缩短产品或服务的生产时间，二是有效降低各个环节的成本。

具体而言，在实施供应链战略时，企业应从系统角度出发，通过全面规划，确保供应链战略与竞争战略及其他职能战略之间充分协调，从而最大化供应链战略的价值。

1. 供应链战略应和竞争战略整体匹配

企业战略学者迈克尔·波特提出了 3 种基本的竞争战略：成本领先战略、差异化战略及集中化战略。同时，他将供应链战略分为"效率型"和"响应型"两种模式。波特指出，效率型供应链战略与成本领先战略相契合，而差异化供应链战略与集中化战略则需依赖响应型供应链战略的支撑。

基于 OTEP 模型，考虑到经营环境的复杂性，依据企业自身优势并结合产品种类，笔者将竞争战略进一步细化为 4 种基础战略：品质战略、成本战略、客户体验战略和创新战略。这种细致的分类有助于企业更精准地识别竞争机遇，构建差异化运营管理体系，从而更有效地满足市场竞争的需求。

2. 供应链战略应和其他职能战略分别匹配

在企业竞争战略的整体架构中，确保供应链战略与采购战略、制造战略、库存战略协调一致是至关重要的。这不仅涵盖企业文化、团队思维、组织流程、人员技能与绩效反馈的相互匹配，还包括新品研发战略、市场营销战略、品牌建设战略等众多职能战略的协同。供应链战略亦需与其他职能战略相适应，这构成了 S-OTEP 模型的核心逻辑。

3. 供应链战略应匹配综合支撑体系

为确保供应链战略的顺利执行，企业需构建一个综合支撑体系。该体系融合了企业内部的支撑能力、企业对外部资源的获取能力以及战略合作伙伴的支持能力。企业内部的支撑能力是实施供应链战略的核心。在管理供应链的过程中，企业必须深入洞察自身支撑能力的特性，并以此为基础规划和执行供应链战略。获取外部资源是企业实施供应链战略的基础。为构建供应链的竞争优势，企业应积极寻求外部资源，并将其融入核心业务，以实现资源的高效利用和成本的降低。此外，与战略合作伙伴建立良好关系对于供应链战略的成功实施至关重要。这种合作关系能够为企业带来高价值的合作机会，助力企业实现其战略目标。

1.2.3 供应链战略决定企业组织架构

企业的组织架构与供应链战略之间存在着密切的关联。不同的战略需求催生了多样化的组织形态。一方面，供应链战略塑造了企业组织架构；另一方面，企业组织架构的特点亦对供应链战略的执行成效产生影响。因此，供应链战略的任何调整均会促使企业组织架构进行相应的优化，以应对挑战。

在企业内部，组织架构直接决定了供应链管理的效率。组织架构的调整是企业从传统物流管理模式向现代供应链管理模式转型的关键。鉴于供应链的运作贯穿企业经营的全过程，确保每个环节上不同部门的职能能够高效协同至关重要。因此，必须构建一个与供应链战略相匹配的组织架构，以确保高效地监控供应链的运行状态，并迅速而有效地解决可能出现的各类问题。

1. 传统组织架构对供应链的影响

众多大型企业普遍采用了基于职能划分部门的组织架构。该组织架构起源于煤矿管理，各部门独立运作，拥有各自的绩效评估体系，它非常适合那些产品线单一且稳定的企业。然而，这种组织架构导致供应链管理缺乏跨部门的协调合作，各部门往往只专注于提升自身效率，而忽视了整个供应链成本的降低，这最终导致了资源的浪费。

从 OTEP 模型的角度来看，不同的战略需求对应不同的组织架构。对于追求产品质量稳定性的质量战略，早期的职能型组织架构是合适的。然而，对于追求成本效益和高效协同交付的成本战略，矩阵式组织架构则更为适宜。那些以提升客户体验为核心战略的企业的组织架构，如华为采用的铁三角模式，或者更广义上的小组（CELL）模式和阿米巴模式，都强调了对客户满意度的集中关注。至于创新战略，则对应事业部组织架构。通过将不同的战略与对应的组织架构相匹配，企业能够提升采购、供应、销售等环节的物流效率，并优化对信息流和资金流的处理。

2. 现代供应链对组织架构的影响

在构建适应现代供应链的企业组织架构时，我们强调组织架构的扁平化和虚拟化，以流程为导向，确保供应链各环节间的有效沟通与协作，促进物流、信息流、资金流的顺畅流通，进而提升整体运营效率。

现代供应链对企业组织架构的影响主要体现在以下几个方面。

（1）流程导向的组织架构重构。企业应以流程为导向，将物流纳入企业的流程再造中，实现组织架构重构与物流运作的高度统一。这种组织架构能够促使物流跨越企业内不同职能部门、地区部门乃至企业边界，实现有效组织，加快物流和信息流的流通速度，减少延误和失误，优化物流资源配置，提高企业的应变能力和降低运营成本。

（2）分权式组织架构的构建。针对传统组织架构中信息传递效率低下的问题，企业需打造分权式组织架构。通过组织授权制度，一线管理人员或基层员工能够依据市场环境变化及时做出决策，确保信息流的准确性和有效性。这种分权式组织架构有利于提升供应链相关人员的沟通能力和灵活处理问题的能力，实现高质量、高效率的供应链流转。

（3）扁平化组织架构的推行。为了打破传统多层化组织架构的束缚，企业需调整组织架构，使之更加扁平化。减少管理层次，增加管理幅度，可使决策者和执行者通过网络实现双向沟通，提高决策效率，从而实现供应链的高效运转。

（4）柔性化组织架构的设计。为适应市场环境的不断变迁，企业需要构建柔性化的组织架构。这种组织架构能够灵活应对市场变化，确保组织架构转换的顺畅进行。柔性化组织架构强调开放、合作、创新、适应、学习和敏锐的组织体系特征，可使企业迅速捕捉市场动态，有效调节供应链各环节的关系，建立供应链的快速协作优势。

综上所述，供应链决定着企业组织架构的发展。在追求更强盈利能力的战略调整过程中，企业必须调整供应链战略，并相应调整组织架构。这使我们深刻认识到，构建新的供应链必须从组织架构变革开始。

1.3 为什么构建供应链需要组织架构的变革

为了确保企业在不断变化的外部环境中持续稳健发展，并成功实现既定目标，企业领导者需积极且适时地对既有组织架构与其运作状态进行战略性调整，这是组织架构变革的核心要义。当企业追求构建更稳固和高效的供应链体系时，组织架构变革显得尤为必要，这种必要性源于企业内部普遍存在的各种矛盾与冲突。试图以单一的组织架构来满足多样化的市场需求不仅不现实，更是一种风险极高的做法。

1.3.1 "小马拉大车"的无奈

在组织架构的调整过程中，企业若未能紧密结合供应链战略的需求，将面临多重挑战，其中"小马拉大车"的困境尤为显著。

比如，某企业决策层过度追求标杆效应，盲目效仿世界 500 强企业，邀请多家咨询管理机构，为企业设计了包含各类事业部、职能中心、业务单元等复杂的组织架构。然而，此举却导致企业原有的供应链运营逻辑变得模糊，信息流通受阻，内部协作效率显著降低。同时，外部物流速度减缓，工作职责界限模糊，进而引发客户的不满和抱怨。

此类现象均可视为"小马拉大车"的具体体现，即企业在业务规模、员工能力、管理成熟度等方面尚不具备充分条件时，盲目照搬大型企业的组织架构，却忽视了双方在整体战略、业务性质以及供应链特征等方面的本质差异。

此类企业的领导者应清醒务实，紧密围绕企业的战略目标，制定供应链战略，并据此构建与供应链战略需求相匹配的组织架构。

笔者经常听说某企业借鉴成功企业的经验，但借鉴什么需要结合 S-OTEP 模型来判断，这就值得我们思考与实践了。

1.3.2 以爬树能力考核大象的闹剧

有一幅漫画，其描绘的场景为：考官将大象、猴子、鱼、企鹅、狗等动物聚集一堂，并宣布将进行一场统一的考核；为保证所谓的"公平性"，每种动物的考题均被设定为以最快速度攀爬至面前的大树的顶端，胜者将被冠以"优胜者"的称号。

然而，这一考核方式显然具有浓厚的荒诞色彩。以爬树能力作为考核大象的标准，不仅缺乏实际价值，更破坏了考核应有的公正性和科学性。其根源在于过度追求标准的统一，而忽视了不同个体间的差异。

在围绕供应链战略实施组织架构变革的过程中，类似的现象屡见不鲜，值得我们深思与警惕。

在构建供应链时，企业应审慎考虑对组织架构的评估与调整。举例来说，一些企业过分专注于库存、周转率等供应链环节的量化指标，并以此为依据，考核当前组织架构内各个部门的工作情况；一旦发现"不达标"的情况，便急于进行调整与优化。然而，这种做法可能忽视了一点，即企业生产经营的固有特性未必能与追求快速响应的供应链模式匹配。此类考核不仅很难产生预期效果，反而可能因盲目追求量化目标而导致战略重心的偏离，进而使得组织架构变动频繁而无实质性成果。

在构建供应链之前，企业确实需要对组织架构进行全面评估，并在此基础上进行必要的调整。然而，所有的评估与调整都应紧密结合企业的实际特征和需求，而非盲目遵循既定标准。否则，不仅可能导致决策失误，更可能出现如"以爬树能力考核大象"的荒谬场景。

1.3.3 "空降"供应链管理系统的悲剧

供应链作为企业竞争战略的核心要素，其管理系统的构建与运行受到企业领导层的高度重视。鉴于此，众多企业纷纷寻求具有卓越水平的咨询机构协助，意图通过引进一套通用性强、适应范围广的供应链管理系统来优化运营流程。然而，由于部分企业在缺乏深入了解和细致评估的情况下，盲目引进供应链管理系统，这种做法不仅未能达到预期效果，反而引发了一系列未曾预料到的挑战与困境。

"空降"供应链管理系统的悲剧，主要表现在以下几个方面。

1. 不协同

对于供应链管理系统的突然引入，企业在组织架构构建方面缺乏充分准备，同时在研发、采购、制造、仓储、销售等关键环节之间，也未能建立协调统一的信息共享机制，因此无法协同的现象频发。使问题更突出的是，企业内部各部门通常拥有各自独立的信息管理系统，无法有效地互联互通，在此背景下引入新的供应链管理系统，无疑会加剧复杂性，进一步降低整体协同效率。

2. 企业员工不理解、不配合

对于供应链管理系统的"空降"性质，企业内部未能充分进行广泛深入的宣传，因此，企业员工的配合程度势必不会太高。然而，供应链管理系统之构建，很需要企业全体员工的协同努力。部分员工的不配合可能引发供应链管理中的诸多问题。这导致企业引进的卓越的供应链管理系统因未能被员工运用而沦为摆设，企业也迅速恢复至原有状态。

3. 忽视企业自身需求

企业盲目引进供应链管理系统，这种做法体现了其对自身战略需求及现有问题的忽视。在选择供应链系统的过程中，明确方向尤为关键。企业领导者需深刻理解企业自身业务的独特性和战略需求，通过广泛而深入的动员宣传，对现有基础设施进行必要的改造，并制定相应的制度和规则以匹配供应链管理系统，确保优化与创新工作的顺利推进。

1.4　亟待改变的供应链现状

当前，我国企业在供应链运营方面面临一定的挑战，供应链战略的规划与执行均存在优化空间。为了更有效地参与全球市场竞争，并达成生存与发展的长远目标，企业亟须主动开展供应链诊断与变革工作。在此过程中，深入理解供应链运营的核心理念，明确其关键环节，并在实际运营中引入更为科学合理的供应链模型，显得尤为重要。

1.4.1　中国企业供应链运营现状分析

当下，我国企业在供应链运营中面临的突出矛盾，显著体现在企业内部管理效率、外部供应商与客户关系管理、外包业务管理以及内部信息技术应用和日常运营管理等方面。管理内耗现象在企业规模扩大后尤为显著，几乎每个企业成员都深受其困扰。这一问题的根源在于企业内部供应链管理的逻辑不够清晰、体系混乱。

1. 对外

在供应商关系管理方面，企业供应链管理部门普遍面临人员配置不足和技术实力相对薄弱的问题，因而更加注重与供应商的合同管理。尽管一些企业尝试建立综合评价标准以优化对供应商的选择，但价格因素在绝大多数企业的综合评价标准中仍占据核心地位。

在客户关系管理方面，企业普遍重视客户关系的维护，然而，在深入了解客户需求方面仍存在不足，服务的个性化水平有待提高。面对外国客户时，由于语言、工作习惯、文化背景和法律政策的不同，了解客户需求的难度进一步加大，这些挑战亦直接影响供应链的运营现状。

至于供应链外包业务管理，不少企业选择增大供应链中的外包业务比例，以充分运用第三方物流的力量。然而，企业与这些物流服务商之间的合作关系多为短期的，企业更多地关注眼前利益，尚未与其形成真正稳固的合作伙伴关系。

经过对多家企业供应商关系管理体系的梳理，笔者发现，多数企业的原始供应商关系管理体系呈现出粗放、无明确目标、流程僵化的态势。更为严重的是，部分企业的供应商关系管理体系完全偏离了企业的经营目标和方向，导致企业有限资源的极大浪费，这无疑是一种遗憾。

2. 对内

众多企业正面临供应链管理信息化程度不足、缺乏数字化技术的支撑、缺少有效手段以促进数据和信息的加速流动等问题。这种状况限制了供应链的日常运营范围和效率，导致大多数国内企业的业务活动范围难以实现扩展。

此外，我国众多企业的供应链管理主要涉及原材料供应、生产、销售等基本流程，其尚未建立起一套有效的供应链绩效考核体系。由于合作伙伴数量有限，业务内容相对单一，企业往往未能持续提升管理质量。例如，许多企业更专注于内部生产与营销体系的构建，而未能将这种创新精神扩展到与上下游合作伙伴的关系中。这些企业对构建供应链一体化管理体系不够重视，还未曾意识到将整个供应链视为一个整体进行管理的重要性，忽略了合作伙伴的视角和作用。再者，尽管一些企业对财务、资金和成本流动给予了较多关注，但对于制造和物流的价值流及信息流的重视程度不足，这导致这些企业无法从整体运作的角度对供应链进行全面的评估和改进。

1.4.2 经验式、粗放式与拼接式

供应链战略作为企业经营的基石，其重要性不言而喻。任何追求卓越的企业，均无法忽视供应链运营在战略实施中的核心地位。然而，现实情况显示，部分企业在供应链运营方面存在显著不足，这在一定程度上制约了其发展。

供应链运营包括以下 3 种方式。

1. 经验式

经验式供应链运营通常表现为企业领导者过度依赖他人或自身过去的成功经验，而忽视企业自身特性和外部环境的独特性。实际上，即便是小型快餐店也需要制定清晰的供应链战略，用以指导供应链运营的实践。经营者在筹备快餐店时，应当审慎思考自己的快餐店是定位于商业区的高端快餐市场，还是提供中低

端快餐服务。

随着运营的深入，多数快餐店经营者会逐渐认识到，目标客户群体的不同将直接影响竞争战略和目标的制定。若面向高端市场，则应突出"健康、营养、美味"的产品特色，以高附加值和高利润作为核心竞争力；若面向中低端市场，则应注重"爽口、量大、价廉"的产品特点，以口碑和价格优势赢得市场。这两种不同的定位将直接导致供应链的显著差异，快餐店经营者不能仅凭过往经验进行决策。

当快餐店扩张至企业规模时，产品或服务的内容将更加复杂，此时企业在制定竞争战略时容易出现自相矛盾的情况。若客户对价格高度敏感，而企业却将竞争焦点放在产品质量上，过度追求高精尖技术，忽视市场需求，这样的决策将导致竞争战略与市场脱轨。同样，若客户极度重视服务质量，而企业却过分追求成本控制，忽视服务质量的提升，这样的做法无异于向竞争对手示弱。

出现问题的核心原因在于企业供应链战略不清晰以及运营目标不明确，这导致原本有限的资源难以得到充分的整合与利用，甚至在经验主义的驱使下而被浪费。相较之下，在杰出的企业中，大多数员工均明确了解自身的工作职责、未来计划及组织整体的战略目标，进而形成集中的力量共同前进。

华为曾经使用过一张极具视觉震撼力的图片做广告。图片展示了刚果河流域的瓦格尼亚人捕鱼的情景，他们的生产水平相对落后，为了生存，他们不得不在湍急的河水中进行高风险的捕鱼作业。数百年来，他们积累了体现生存本能的捕鱼智慧：选择合适的地点，从恰当的角度，运用适当的力度捕鱼。

华为创始人任正非在航班杂志上偶然看到这张图片，深受触动，随即决定购买其版权。在图片旁，他引用了这样一句名言："不在非战略机会点上消耗战略竞争力量。"同样，在供应链运营中，我们也应避免在经验主义的影响下，消耗宝贵的战略竞争力量。

2. 粗放式

一些企业在供应链运营上常常遇到思维缺失和模式单一化的问题，这导致了运营方式的粗放。随着企业步入不同的发展阶段，它们会采取不同的经营和服务模式，并确立相应的竞争战略（S）。然而，这并不意味着员工的采购思维（T）和采购操守（E）会自动地同步发展，而矛盾可能由此产生：即便企业已经进入新的发展阶段并制定了新的竞争战略，但其内部从基层到高层可能仍在沿用上一阶段的思维模式和执行手段。这导致供应链的运营方式更加粗放。

在这些企业中，采购部门往往被误解为仅仅是"消费"部门，特别是在家族式企业中，创始人通常将采购部门的职责定位为"严格地控制预算"，因此倾向于指派最信任、最可靠的家族成员来管理采购部门。十几年前，该方式尚有其合理性，然而，若当今企业仍沿用此方式，则极有可能对竞争战略的规划与执行造成显著影响。实际上，采购部门应被视为企业的盈利中心，相关人员需要具备系统性的思维和卓越的技能。一位优秀的采购经理会将实现战略目标视为己任，不仅会确保任务的顺利完成，而且会致力于节省成本。但采购部门绝不能仅仅以成本效益为考量因素进行采购，而应致力于引入优质资源，包括原材料、零部件及供应商等，以支持企业竞争战略的实施。企业若让采购部门承担成本控制的全部责任，实则是以旧有思维体系应对当下的竞争，此种方式难免会导致采购活动与既定战略目标背道而驰。

3. 拼接式

在日益激烈的竞争中，企业为求得生存与发展，规模持续扩大，业务范围日益广泛。然而，随着企业规模的扩大，供应链运营可能面临资源分配不均、发展方向分散的挑战。即便在中小型企业中，各部门如生产部、品质部、人事部、行政部、财务部等，也保持着职能的独立性，并倾向于以自身绩效为导向，从而形成了供应链内部的分散和割裂状态。在这种背景下，企业内部各部门容易在自身利益的主导下，设定各自独立的目标，进而导致供应链运营资源的浪费。

在 A 企业内部，部门主管间经常发生争论。

生产部门主管表达了不满："我的团队夜以继日地工作，仅能勉强达成生产目标。至于销售部门回款不及时的问题，并非我方责任。"

销售部门主管对此提出异议："产品存在的质量问题导致客户延迟支付款

项，这显然对回款造成了影响。"

质量部门主管质疑道："我怀疑客户提出的质量要求并不符合行业标准，很可能是他们自行设定的。"

最终，财务部门主管做了总结："我并不关注你们之间的具体争议，但成本过高是显而易见的问题，必须采取措施予以降低。"

实际上，企业领导者的决策并非聚焦于刻意增设部门，而是聚焦于企业的整体利润表现。企业设立部门的初衷就是确保业务流程顺畅衔接及供应链各环节的责任明确。然而，在组织架构与竞争战略不匹配的企业环境中，部门之间往往难以形成合力以支撑供应链战略，反而可能出现各自为政的现象，即以短期利益为导向，对整体战略目标进行切割和分解。这种看似各司其职的供应链布局，实则对企业的盈利能力造成了潜在损害。

这也是 OTEP 模型特别强调的采购组织（O）。

1.4.3　供应链运营模式的逻辑架构

随着 21 世纪全球化竞争的日益加剧，企业供应链运营模式经历了持续的演变，其核心目标始终聚焦于确保企业的持续盈利。麦当劳、宝洁、可口可乐等国际知名品牌通过优化和创新供应链运营模式，成功实现了盈利增长。

在应对现有挑战时，我国企业不能仅仅依赖引入的一两种现成的供应链运营模式，而应当深入分析和诊断自身现有的供应链状况。为此，企业领导者需要清晰地理解并构建供应链运营模式的逻辑架构。

过去，许多企业更倾向于使用传统供应链运营模式，以期实现短期盈利。然而，现代供应链运营模式的核心在于需求导向、快速响应、柔性反馈、资源共享和精益生产等，这使企业在面对复杂多变的市场需求、激烈的竞争和不断增加的成本时，能够实现高质量、可持续的降本增利。

传统与现代供应链运营模式的底层逻辑差异如表 1.4.1 所示。

表 1.4.1　传统与现代供应链运营模式的底层逻辑差异

传统供应链运营模式	现代供应链运营模式
产品单一化	产品多样化
小行业内竞争	大行业外竞争
压制供应商	培养与发展供应商
各部门独立决策	各部门联合决策
缺乏信任，信息屏蔽	合作共赢，信息高度共享
企业个体竞争	供应链竞争

　　现代供应链运营模式相较于传统供应链运营模式，不仅在环节、流程、结构层面有显著的变革，更在底层逻辑上进行了深刻的转变。传统供应链运营模式适应产品单一化生产营销的背景，强调在小行业内独立竞争，往往导致企业与供应商之间信任缺失和信息流通不畅。现代供应链运营模式则适应产品多样化生产营销的背景，更加注重在大行业外寻求竞争优势，致力于培养与发展供应商，以实现合作共赢、信息高度共享。由于两者在底层逻辑上的差异，传统供应链运营模式往往只能给企业盈利能力带来短期的正面影响，甚至可能带来长期的负面影响；现代供应链运营模式则更能培养企业长期的盈利能力。

　　在底层逻辑之上，现代供应链运营模式的逻辑架构的核心在于满足客户需求。这说明只有深入挖掘和满足客户长远需求的供应链运营模式，才能有效提升企业的长期盈利能力。对此，有人指出，戴尔真正的核心竞争力在于其客户关系。不了解客户需求，就无法实现按单生产和零库存，供应链管理更是无从谈起。沃尔玛创始人山姆·沃尔顿也在其自传中强调了客户关系的重要性，说客户满意度和忠诚度是影响沃尔玛公司利润率的关键。在沃尔玛的整体战略中，建立员工与客户之间的良好关系被视为至关重要的一环。

　　基于现代供应链运营模式逻辑架构的核心，供应链战略的规划和执行应以客户为中心。首先，需要明确关键客户或客户群，并将其纳入事业计划中。同时，要设计和执行客户服务团队的工作内容，推动针对关键客户的伙伴计划实施。此外，企业与关键客户签订的产品与服务合约、明确的客户服务标准等，都是这一核心的具体体现。

　　构建高周转率、低成本的高效供应链，首先需要明确供应链运营模式的逻辑架构。这一架构包括战略规划层面、流程设计层面和执行层面。战略规划层面涉及供应链网络布局、规划范围、价值取向等，这些都应基于客户需求来确定。流程设计层面则要求企业建立规范、科学、全面的流程体系，确保供应链战略的有效执行。执行层面则涉及计划、仓储、采购、交付等不同环节绩效指标的达成。

在运营过程中，通过精确界定底层逻辑、稳固构建逻辑架构，以及精心塑造层级布局，企业能够依托供应链运营模式的革新，进而实现盈利空间的显著拓展。此举不仅符合我国企业发展的现实需要，更是当下改变供应链现状的迫切之举。

1.4.4　数字化供应链设计

为了切实提升供应链的竞争水平并满足客户需求，企业领导者必须深入理解供应链设计过程中的两个核心概念：订单渗入点（Order Penetration Point，OPP）和价值交付点（Value-offering Point，VOP）。

供应链是指商品从原始起点流向市场或消费终端的过程，需求链则是指将市场需求转化为供应商行动的过程。供应链和需求链相结合，会形成一个完整的供需链，两者的结合点正是采购和销售。

1. OPP

OPP 是在供应链体系中，供应商为满足客户订购需求而设定的特定时空节点。此节点是供应链运作中的关键一环，能确保订单信息的准确传递和货物的高效流通。不同的 OPP 对企业、客户意味着不同的价值收益。

供应链中不同位置的 OPP 如图 1.4.1 所示。

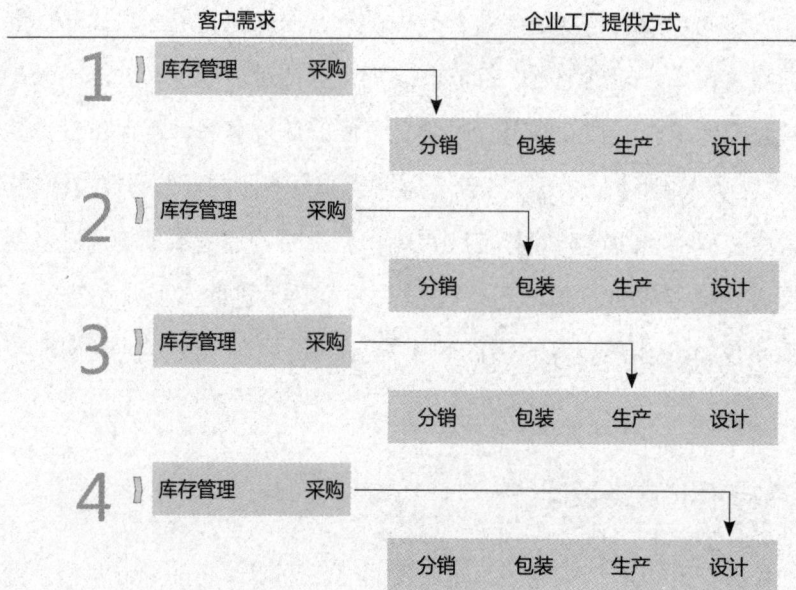

图 1.4.1　供应链中不同位置的 OPP

图 1.4.1 分别展现了需求链接入供应链的 3 个点位，即分销点位、包装点位、生产点位，这几个点位对应不同的供应链盈利特征。例如，在分销点位实施 OPP 时，企业需直接从分销中心向客户配送货物。这表明，若企业保持充足的库存，便能实现更迅速的交付。然而，这同样会增加企业供应链运营的成本。企业还可以选择将 OPP 向前推进，即在包装或生产点位实现需求链与供应链的对接。由此，我们可以总结出 4 种供应链模式。

（1）需求方的采购 OPP 为供应方分销，即供应方已完成产品设计、生产和包装，产品存于仓库中等待装运，这属于典型的渠道供应链模式。

（2）需求方的采购 OPP 为供应方包装，即供应方已完成产品设计和生产，并根据客户订单要求进行包装（装配），这属于典型的敏捷供应链模式。

（3）需求方的采购 OPP 为供应方生产，即供应方已完成产品设计，并根据客户订单要求进行生产，这属于典型的精益供应链模式，这种模式通常被称为原厂委托制造（Original Equipment Manufacturer，OEM）。

（4）需求方的采购 OPP 为供应方设计，即供应方根据客户订单要求进行设计，这属于典型的柔性供应链模式，这种模式通常被称为原厂委托设计（Original

Design Manufacturer，ODM）。

因此，OPP 在供应链中的位置将决定供应链的模式和合作方式。

2. VOP

VOP 指的是企业满足需求链中特定需求的关键连接点，它构成了供应链与需求链对接的一个关键环节。

需求链中不同位置的 VOP 如图 1.4.2 所示。

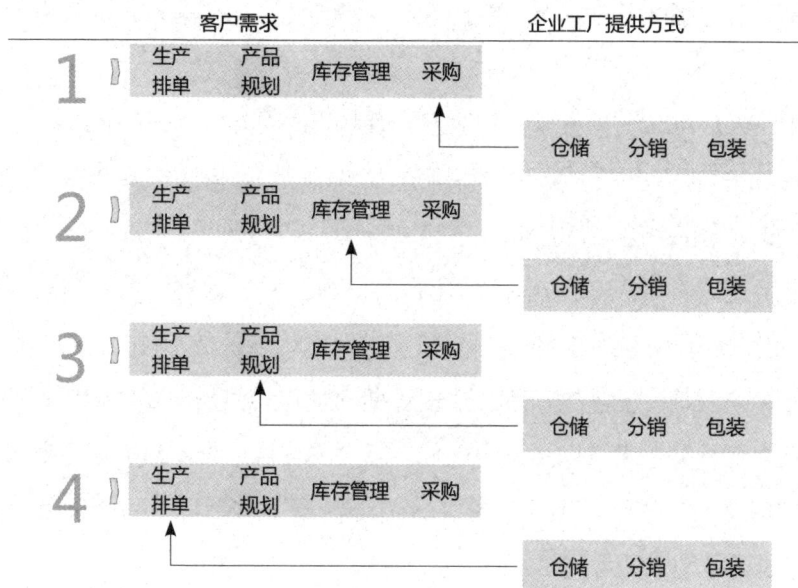

图 1.4.2　需求链中不同位置的 VOP

当 VOP 位于需求链的后端时，企业能够更有效地满足客户需求，但这也要求企业付出更多的努力。在实际运营中，主要存在 4 种模式的 VOP。

（1）供应方的销售 VOP 对应需求方的采购，即供应方需对采购订单（指令）负责，必须严格按照需求方订单的内容进行交付，即便出现错误，也应按照订单履约。这种模式为目前大多数企业所采用。

（2）供应方的销售 VOP 对应需求方的库存管理，即供应方需对需求方的库存负责。库存量一旦超过预设的上限，供应方应停止供货或延缓交付；而当库存量低于下限时，供应方应立即补货。所有行动都必须遵循"不囤货、不断料、不缺料"的原则。这种模式被称为供应商管理库存（Vendor Managed Inventory，

VMI），它自然需要供需双方的信息化数据支持。

（3）供应方的销售 VOP 对应需求方的产品规划，即供应方参与需求方某款或某系列产品的规划，供需双方共同打造卓越、协同、共享的产品链，实现发展协同与管理协同。这通常需要供需双方的关系发展到合作管理阶段。

（4）供应方的销售 VOP 对应需求方的生产排单，即供应方已经深入参与需求方的订单履约，与需求方实现深度数据共享与交换。这样，无论上下游发生任何变化，双方都能及时进行调整。这通常需要建立在供需双方的战略合作关系之上。

因此，VOP 的位置将决定供需双方的战略与协同方式。

如果 OPP 与 VOP 同时移动，将创造不同供应链方案下的合作模式图谱，企业可基于此制定供应链设计方案。

综上所述，将 VOP 向需求链后端移动，将能更有效地满足客户的期望和需求；将 OPP 同样向需求链后端推进，将使供应方从中获益匪浅。在多数情况下，上述两方面的调整可能导致一方利益在短期内受损，而另一方则相应获得益处，这也是供应链调整常常难以达到全面优化效果的原因所在。然而，企业可通过精细地平衡 OPP 与 VOP，有效协调各方活动，推动供应链各个环节的深刻变革，以实现供应链环节的创新与优化。

无论是制定针对具体问题的解决方案，还是梳理逻辑架构，抑或是通过平衡 OPP 与 VOP 来重塑供应链，这些都需建立在对供应链现状精确而深入诊断的基础之上。我们应致力于从诊断入手，为企业供应链的发展开辟新的道路。

而这一切的实现，都紧密依赖于企业的竞争战略，它是指引企业前行的灯塔。

第 **2** 章

基于 OTEP 的供应链竞争模型

在竞争激烈的市场环境中，各企业均构建了独具特色的竞争战略。此战略的核心目的在于有效整合企业内部资源，帮助企业形成系统化的竞争优势，从而在市场竞争中获得有利地位。一旦竞争战略确立，企业所有经营活动均应围绕该战略展开，采购与供应链管理亦应如此。

在研究如何通过供应链管理来实现可持续盈利之前，企业需先从整体角度出发，深入理解和把握竞争战略的核心内容。只有在这样的基础上，企业才能制定出与自身战略需求相契合的采购与供应链管理策略，从而实现长期稳健发展。

2.1　供应链的四大显著特性

供应链作为一个整体的功能网链结构，其顺利运行对企业的上游与下游发展动态具有深远的影响。总体而言，供应链展现了四大显著特性。

2.1.1　战略传承性

战略传承性是供应链的显著特性。企业领导者将企业在产品质量、成本、客户体验和创新等方面的核心竞争战略进行层级化分解，形成具体的采购战略；随后，将采购战略进一步细化为供应链战略、供应商选择战略、绩效与关系管理战略等，以全面支撑和推进企业整体竞争战略的实施，这就是战略传承性的体现。

供应链战略必须与竞争战略形成紧密的呼应和传承关系。这样的设计能够确保供应链的各个环节有效传递企业的核心价值理念，进而保障供应链整体的优化方向正确且高效。

在实践中，不少企业供应链运营效率低下、问题频发，其核心原因在于缺乏明确和系统的战略规划与指导。这导致企业内部在战术层面的努力往往无法弥补战略层面的不足，其管理效果自然难以达到预期。

因此，企业领导者应充分认识到，即便在同一企业内，不同产品线的采购战略也可能存在显著差异。例如，沃尔玛在生鲜和五金两类产品上的采购战略便呈现出明显的区别。在企业的转型升级过程中，特别是当产品线或业务生态日趋多元化时，企业领导者应格外注意这一点，避免简单复制过去的采购战略，而应基于新产品和新产业的定位与布局，选择与之相匹配的采购战略，以确保企业能够持续稳健地发展。

以云南白药为例，该公司将药品与日化产品划分为两个独立的业务部门，这两个部门在采购战略上各有侧重。尽管实行了集中采购制度，但这两个部门在物流、资金流、信息流的全程管理上，以及信息化系统的功能、供应商的选择和评估等方面，均呈现出不同的特点。这对新产品的开发、试制和试销提出了不同的要求。因此，企业领导者不能简单地将成熟产品线的供应链体系应用于新产品线，而应根据新产品线的特定需求对供应链体系进行相应的调整和优化。

在企业运营中，企业领导者绝不能依赖单一的供应链体系以应对所有挑战。首先且至关重要的是对竞争战略进行明确而深入的分析与定位。唯有如此，基于竞争战略所制定的采购战略方能确保与企业的竞争方向一致，进而体现战略传承性。

2.1.2　系统性与整体性

供应链的运行，其范畴广泛，涵盖了产品从起点至终点的全生命周期各阶段与环节，涵盖了从供应商至客户的全面价值流集成管理。因此，在供应链管理的实践中，应着重强调整体效率的提升，这意味着供应链优化工作不宜仅聚焦于单一企业或单一职能层面的局部优化，而应追求全局的整体性优化。

企业在开展供应链管理工作时，应重点关注并着力解决两方面的核心问题：

"意愿"和"能力"。

"意愿"层面的问题是关系问题，涉及供应链协作的意愿，其核心在于构建稳固的关系网络。企业的目标是促使供应链上的其他企业、部门及人员积极投入协作，摒弃局部的、短视的优化策略，通过全局视角下的优化策略取得更广泛、更深层次的合作效益。

"能力层面的问题"是连接问题，涉及供应链运行的能力，关键在于建立高效的信息与流程体系。企业需通过信息与流程体系的精心设计与完善，确保三大价值流顺畅运行，进而提升供应链的整体运行效率。企业的目标不仅是提高运营效率，还包括提升服务质量，并力求降低成本，从而全面提升供应链的竞争力和可持续性。

2.1.3　动态变化性

在供应链管理的领域中，为适应客户需求的日益多样化和企业竞争格局的深刻变化，持续进行优化和调整是不可或缺的。

以当前备受瞩目的新零售商业模式为例，随着大数据技术的广泛应用，客户画像的精准度得到了显著提高，配送效率亦取得了长足进步。同时，购物场景、体验方式与物流模式正在经历前所未有的重构，这不仅推动了供应链响应速度与服务水平的飞跃，还通过总成本的不断降低，为企业创造了更为广阔的利润空间。正是基于这些变化，供应链管理的转型以及从价格消费到价值消费的全面升级都得以实现。

在新零售等先进商业模式的推动下，渠道供应链、精益供应链、柔性供应链和敏捷供应链等 4 种典型供应链呈现出融合共生的趋势。这些供应链将根据不同行业和产品的特性及对应客户的特征进行灵活转化，以适应客户需求的变化，确保持续高效运作。

4 种供应链形成的方式如图 2.1.1 所示。

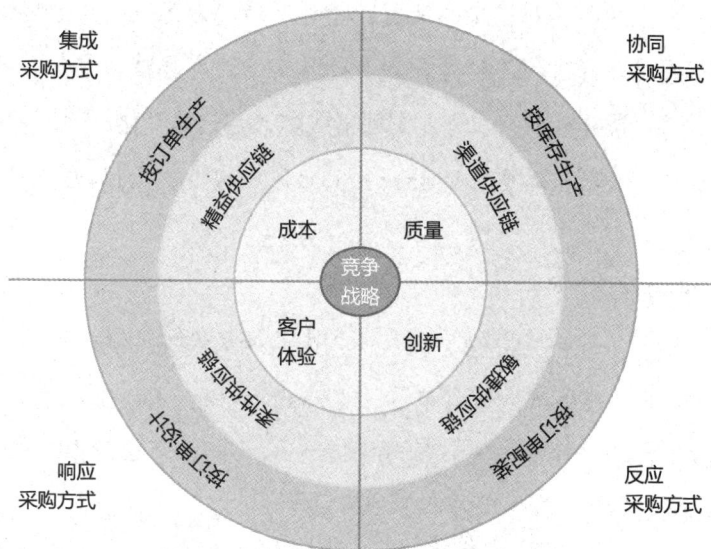

图 2.1.1　4 种供应链形成的方式

1. 协同采购方式

以质量竞争战略为导向的渠道供应链，强调对质量、效率及供应链可计划性的高度关注。在生产方式上，该供应链采用按库存生产（Make to Stock，MTS）的方式，确保产品的稳定供应；在采购方式上，该供应链采用协同采购方式，以实现资源的最优配置。

在激烈的市场竞争中，功能性产品正经历着日益精细化的市场细分。功能性产品无论是种类还是需求，均呈现出显著的增长趋势。在这种背景下，产品质量的稳定性显得尤为重要，成为产品竞争力的核心要素。尽管这一趋势使得追求最低成本不再是供应链管理的首要目标，但使供应链高效运作依然是企业不懈的追求。同时，随着大数据技术的广泛应用，供应链的可计划性得到了显著提升，生产方式正逐步从按库存生产向按需求生产或按订单生产转变，以更好地适应市场的动态变化。

2. 集成采购方式

在当前消费升级与客户需求日益多样化的市场环境下，渠道供应链已逐渐演变为以成本竞争战略为导向的精益供应链。这种供应链的显著特点在于，面对所需产品数量庞大但品种相对较少的情况，能够保持高效运作，并始终将成本最小化作为其核心追求。通过优化资源配置、提升生产效率及减少浪费，精益供应链在确保产品质量与服务水平的同时，实现了成本效益的最大化。

其生产方式为按订单生产（Make to Order，MTO），采购方式为集成采购方式。

3. 响应采购方式

以客户体验竞争战略为导向、以客户为中心的柔性供应链，致力于满足多样化的柔性需求。其生产方式为按订单设计（Engineer to Order，ETO），对应响应采购方式，可满足客户个性化和快节奏的需求。

4. 反应采购方式

敏捷供应链以创新竞争战略为导向，适合多品种、少批量的生产模式，可促使产品持续迭代与进步，其生产方式为按订单装配（Assembly to Order，ATO）。随着对目标客户数据的持续收集、积累和有效利用，客户画像变得越来越清晰，这使得更多需求能够被准确预测，甚至被引导，从而实现了供应链的标准化和模块化。这样的供应链不仅运行效率更高，而且利润率得以提升，产品更新换代的速度加快，服务水平也是显著提高。

经过深入观察与分析，我们明确认识到，不同的竞争战略必然伴随着差异化的供应链战略。这些差异不仅体现在生产方式和采购方式上，还影响企业的组织流程、文化思维、团队的职业化技能及绩效表现。

不同的竞争战略及与之对应的供应链类型、生产方式和采购方式如表 2.1.1 所示。

表 2.1.1　企业竞争战略与供应链匹配

竞争战略	供应链类型	生产方式	采购方式
质量	渠道供应链	按库存生产	协同采购
成本	精益供应链	按订单生产	集成采购
客户体验	柔性供应链	按订单设计	响应采购
创新	敏捷供应链	按订单装配	反应采购

各企业必须根据所采用的竞争战略，构建与之匹配的供应链，以确保供应链类型与生产方式、采购方式等相契合。在担任企业供应链顾问的过程中，我们投入大量时间进行高层调研与企业运营现状诊断，这是因为我们观察到，国内许多企业的运营策略缺乏明确的目标与方向。例如，虽然"零库存"模式在某些案例中取得了显著成效，然而这种库存管理模式仅适用于精益供应链和柔性供应链，对于渠道供应链和敏捷供应链而言，维持合理的库存是不可或缺的。

2.2　基于企业竞争战略的四大供应链分解

在战略明确之后，为确保其得以有效实施，企业需要构建与之相适应的供应链运营体系（或称商业模式），以此为基础来系统地梳理和优化制造/服务模式、订单处理模式以及采购模式，确保各项运营活动紧密围绕战略目标展开。

那如何判断企业的战略类别呢？

为了更好地解释与对比，我们结合产品需求种类与数量，绘制了四象限图，如图 2.2.1 所示。

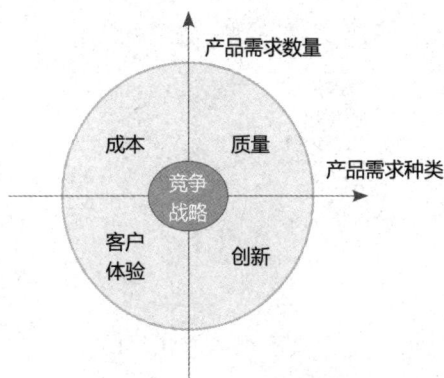

图 2.2.1　四象限图

结合图 2.2.1 中的内容，我们以表格的形式呈现了不同的竞争战略，如表 2.2.1 所示。

表 2.2.1　不同的竞争战略

象限	产品需求种类	产品需求数量	竞争战略
第一象限	多	多	质量
第二象限	少	多	成本
第三象限	少	少	客户体验
第四象限	多	少	创新

从图 2.2.1 和表 2.2.1 中可以看出，企业依据产品需求差异，可以找出自身差异化竞争战略的立足点。

同时，我们能够依据产品需求种类与数量之间的关系，确立 4 种战略定位，由 4 种战略定位可引申出 4 种供应链，如图 2.2.2 所示。

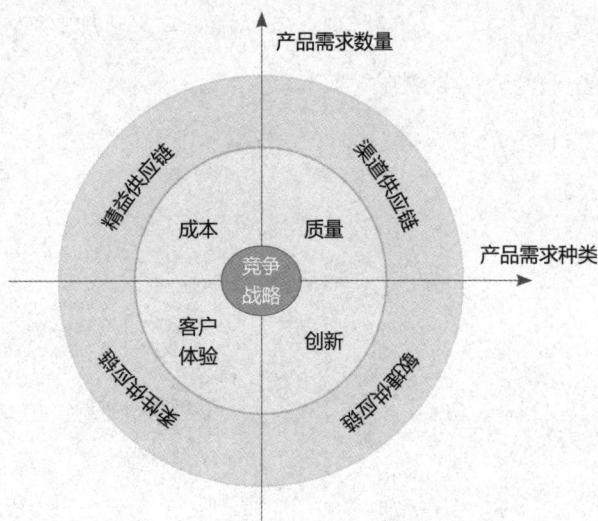

图 2.2.2　4 种供应链

结合图 2.2.2 中的内容，我们再以表格的形式呈现不同的竞争战略对应的供应链，如表 2.2.2 所示。

表 2.2.2　不同的竞争战略对应的供应链

象限	产品需求种类	产品需求数量	竞争战略	供应链类型
第一象限	多	多	质量	渠道供应链

象限	产品需求种类	产品需求数量	竞争战略	供应链类型
第二象限	少	多	成本	精益供应链
第三象限	少	少	客户体验	柔性供应链
第四象限	多	少	创新	敏捷供应链

基于对产品需求种类与数量的细致考量而制定的竞争战略旨在确保企业有效参与激烈的市场竞争。4 种竞争战略的实施，催生出 4 种供应链。

1. 渠道供应链

鉴于产品需求数量的庞大和产品需求种类的多样性，企业供应链面临着重大的挑战，需要一个规模庞大的团队来执行全面的管理和质量监控。然而，由于产品线丰富，传统的管理模式不仅成本高昂，而且效果不尽如人意。为应对这一挑战，众多企业采取了一种更为高效的策略，即将具有共性的产品种类交由少数几个渠道商进行集中管理。这种做法不仅提高了产品质量，还有效降低了管理成本，提升了整体效率。例如，沃尔玛经常将采购任务委托给专业的渠道商。

2. 精益供应链

在产品需求数量多而产品需求种类相对较少的情况下，市场通常呈现激烈的竞争态势，企业往往通过价格竞争来决定市场份额的归属。在这种市场竞争环境下，企业往往以总成本为导向，通过精细化的成本控制来保持竞争优势。例如，丰田汽车在这种情况下便是通过优化供应链管理模式，实现成本的有效控制，从而保持领先地位的。

3. 柔性供应链

在当前市场环境下，若面对产品需求数量及种类较少的情况，企业往往倾向于定制个性化商业模式。个性化市场的特殊性质对供应链的柔性响应能力提出了较高的要求。例如，在高端产品定制行业中，这种对供应链进行调整以使其适应个性化需求的能力显得尤为重要。

4. 敏捷供应链

在工业生产领域，当面临产品需求数量有限但种类繁多的情况时，企业通常采用的生产方式称为按订单装配，具体为大规模定制化生产或模块化生产，此生产方式旨在精准匹配市场对个性化和快速响应的强烈需求。

鉴于竞争战略重点的差异，供应链的支持方式亦有所不同。将供应链的竞争优势与供应链本身相结合，并持续地将其推演至制造与服务战略，得到供应链竞争模型，如图 2.2.3 所示。

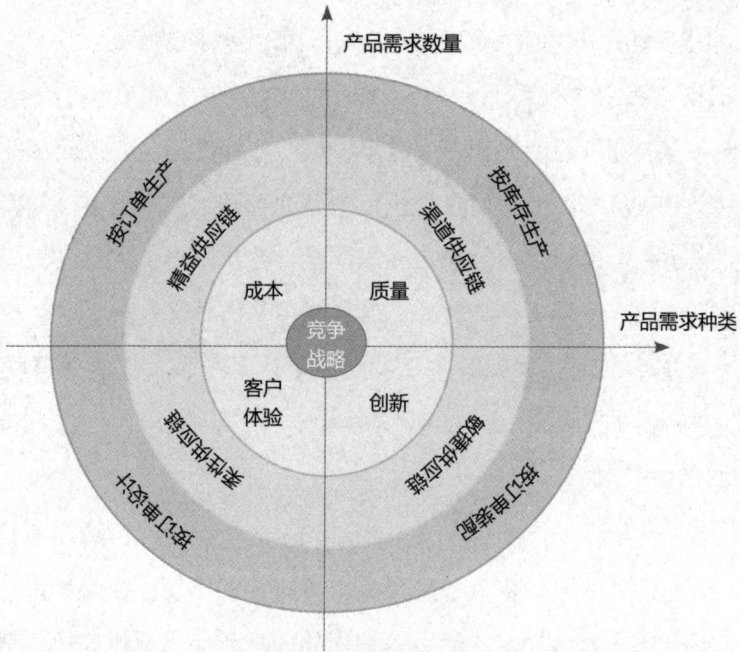

图 2.2.3 供应链竞争模型

表 2.2.3 供应链竞争模型对比

象限	产品需求种类	产品需求数量	竞争战略	供应链类型	生产方式
第一象限	多	多	质量	渠道供应链	按库存生产
第二象限	少	多	成本	精益供应链	按订单生产
第三象限	少	少	客户体验	柔性供应链	按订单设计
第四象限	多	少	创新	敏捷供应链	按订单装配

结合图 2.2.3 及表 2.2.3，可以看出，不同的供应链通常需要匹配不同的生产方式。

　　企业将供应链的竞争优势与供应链管理相结合，并持续进行细化，直至制定出采购方案，便能够构建采购与供应链竞争模型，如图 2.2.4 所示。

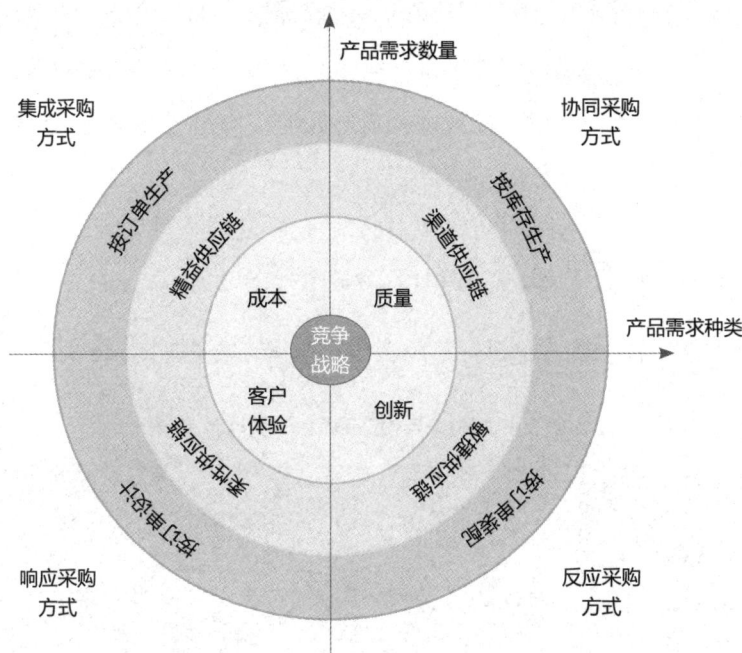

图 2.2.4　采购与供应链竞争模型

表 2.2.4　采购与供应链竞争模型对比

象限	产品需求种类	产品需求数量	竞争战略	供应链类型	生产方式	采购方式
第一象限	多	多	质量	渠道供应链	按库存生产	协同采购
第二象限	少	多	成本	精益供应链	按订单生产	集成采购
第三象限	少	少	客户体验	柔性供应链	按订单设计	响应采购
第四象限	多	少	创新	敏捷供应链	按订单装配	反应采购

　　结合图 2.2.4 与表 2.2.4，我们明确认识到，不同企业的竞争战略必然需要相应的采购方式来作为支撑。我们采用品类分析的方式，以明确企业的竞争方式方向，并基于供应链战略，进一步推导出 4 种各具特色的采购战略。每一种采购方式均有相应的采购策略、精细化的供应商管理方案、成本管控方案以及合作商务模式，以确保企业能够在竞争激烈的市场环境中实现稳健发展。

企业若以质量为竞争力核心要素，则应实施协同采购方式，积极开发并管理供应商，着重关注产品质量与成本效益，因此，在特定情况下，可能需要对服务及交货期限做出一定妥协。若一味要求供应商提供物美、价廉、快速、高效的全方位服务，不仅难以实现战略性资源的有效协同，还将给采购管理人员及执行人员带来工作上的困扰，同时可能耗费大量时间与精力，进而损害与供应商之间的合作关系。

2.3 基于企业竞争战略的四大采购与供应链竞争模型汇总

我们将 2.2 节提到的表格进行汇总，就可以得到表 2.3.1。

表 2.3.1 采购与供应链竞争模型汇总表

象限	产品需求种类	产品需求数量	竞争战略	供应链类型	生产方式	采购战略	产品特性	整体关注点
第一象限	多	多	质量	渠道供应链	按库存生产	协同采购	功能性产品（如纸巾、餐盒、桌子、水盆等）	效率、成本最小化和供应链可计划性
第二象限	少	多	成本	精益供应链	按订单生产	集成采购		
第三象限	少	少	客户体验	柔性供应链	按订单设计	响应采购	创新性产品（如高科技电子产品等）	利润率、产品更新速度、需求预测难度、反应速度、服务水平、订单满足水平
第四象限	多	少	创新	敏捷供应链	按订单装配	反应采购		

4 种采购战略的诉求如表 2.3.2 所示。

表 2.3.2　4 种采购战略的诉求

采购战略	关键诉求	QCDS 关注点
协同采购	追求功能 质量至上 品种相对单一 规模化效益 生产成本低 快速满足需求	Q ☺☺☺☺ C ☺☺☺ D ☺☺☺ S ☺☺
集成采购	在协同基础上 库存水平低 精益化制造 上下游集成 反应速度慢	Q ☺☺☺☺ C ☺☺☺☺ D ☺ S ☺☺☺
响应采购	个性化 多品种 小批量 快速捕捉 快速满足	Q ☺☺☺ C ☺☺ D ☺☺ S ☺☺☺☺
反应采购	供应链延迟 大规模定制 标准化模块 快速反应	Q ☺☺☺ C ☺☺☺ D ☺☺☺☺ S ☺☺☺

注：表格中的 ☺ 表示 QCDS 的关注点，数量越多，关注点越多。QCDS 指的是质量（Quality）、成本（Cost）、交付（Delivery）、安全（Safety）

阅读完上面的内容，你可能会产生一个疑问：一个企业是否仅需单一供应链？

答案是否定的。

供应链的构建基于企业的竞争战略与品类战略，而非单纯依赖企业本身。以沃尔玛为例，其海鲜类产品与家纺类产品的供应链显然存在显著区别，原因在于两条供应链的运营标准和绩效目标大相径庭。

因此，企业务必对自身产品品类进行深入分析，结合竞争战略，制定具有差异性的供应链方案、采购战略等。盲目且不加区分地操作不仅效率低下，更可能对企业战略性资源造成损害。

值得高度重视的是，在当前企业竞争态势的演变中，乌卡（VUCA）时代所呈现的多品种、小批量的市场特征，对供应链的柔性与敏捷性提出了显著要求。鉴于此，众多企业的采购战略正基于协同采购的核心理念，逐步向其他 3 种转变，以适应当前市场环境的需求。

2.4　战略采购的 3 个板块

根据供应链竞争模型，企业能够构建包含完整的采购战略与采购策略的综合性方案，进而在乌卡时代通过战略采购赢得竞争优势。然而，在实际操作中，我们发现部分企业混淆了"采购战略"与"战略采购"的概念。

采购战略是具有指导性、全局性和长远性的整体管理方案，它涵盖了采购需求、供应商分析、采购策略以及交付商务等多个方面。而战略采购则是一种基于数据分析的系统性采购方法，其核心目标是以最低成本获取企业所需的外部资源支配权。明确区分这两者对于企业在复杂多变的市场环境中制定有效的采购策略具有重要意义。相关内容如图 2.4.1 所示。

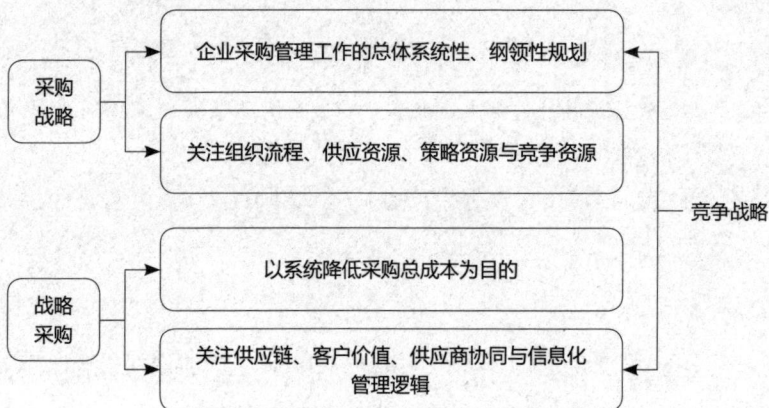

图 2.4.1　采购战略与战略采购

战略采购的制定既基于供应链系统化降低采购成本，也基于企业长期供应构建竞争力环境，其主要涉及 3 个板块：竞争价值定位、供应链运营以及组织架构与流程管理。

1. 竞争价值定位

企业要想立足于市场，就一定要制定竞争战略。企业领导者可以问自己以下

3 个问题：

客户是谁？

客户为什么选你？

你能够给客户提供哪些差异化的价值？

若这 3 个问题能得到明确且详尽的回答，则表明企业已构建了一套清晰、明确的竞争战略。此战略不仅涵盖了为满足客户期望所需调配的所有资源，更体现了企业在市场中的精准定位与策略布局。以奔驰汽车为例，其高端尊贵的商务定位彰显了品牌的价值追求；而比亚迪汽车则致力于服务普通消费者，成为他们出行的得力伙伴。这两种截然不同的竞争战略，深刻反映了企业产品在实现其全过程价值时所遵循的不同导向。从市场定位、产品策划、功能实现，到供应商管理、生产运营、交付商务以及库存物流等各个环节，企业都需确保整条价值链的高效运作，避免任何形式的成本浪费与资源冗余。

笔者想起多年前的一个案例。某知名企业在实施供应链成本优化项目时，其产品预期使用寿命为 7 年。然而，在进行价值分析之后，我们发现产品中约有 1/3 的零部件设计寿命长达 15 年，且部分零部件的附加值过高，显然超出了产品市场定位的预期，这直接导致了企业相关部门在采购成本上面临巨大压力。通过这一发现，企业的采购与供应链专业人士得以明确企业的竞争价值定位，他们意识到企业决策应基于客户满意度，从系统全局角度出发，全面规划产品总成本，避免仅在价格上与供应商纠缠，以免损害其供应的积极性。

2. 供应链运营

在明确定位之后，紧接着便是运营环节的实施。

通用电气前总裁杰克·韦尔奇曾指出，企业最大的成本在于信任。企业与其上下游合作伙伴之间的信任度不足导致的商务交易成本在企业售价中所占比例高达 10%~15%，然而这一成本往往被企业的管理者和供应链运营者忽视。

鉴于供应链管理与运营能力有限，企业间在数据与信息共享方面存在显著不足，这直接导致了企业间交易成本的增加。具体而言，每当交易过程经历一个供应链环节，便会导致交易成本上升。这里仅就供应链环节增加导致交易成本上升这一点进行阐述，不涉及其他相关因素。

例如，在供应链尚未成熟的情形下，企业普遍面临营销成本 10%，营销运营成本 6% 的情况，如图 2.4.2 所示。这意味着供应链环节增加会牵涉到供应商的营销成本和采购商的评估、认证、识别、交通等多方面的成本。这些成本最终会转嫁至产品价格，并由最终消费者承担。

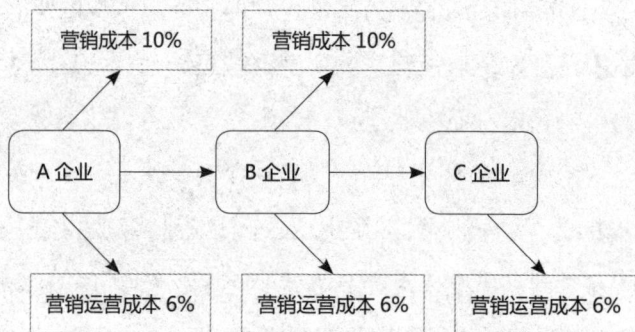

图 2.4.2　供应链成本累积示意图

3. 组织架构与流程管理

官渡之战，作为东汉末年"三大战役"之一，是中国历史上著名的以弱胜强之典范。在此战役中，曹操带领大约两万士兵，成功抵御并击败了袁绍的十万大军，此非单纯兵力之对比，实为双方组织布阵与调度管理之优劣所致。

当前，众多企业组织架构沿袭职能分工的传统模式，此模式固然分工明确、目标清晰，如多数企业的组织架构包含生产部、研发部、采购部、品质部等；然而，在绩效考核的导向下，各部门往往过分追求自身部门利益的最大化，而忽视协同与配合。这种情况下，部门间的利益冲突难以避免，这既耗费了企业宝贵的经营资源，又可能牺牲企业的整体利益，更延长了与供应商之间的沟通周期。

因此，为了提升采购效率与绩效，改善供应环境，构建合理的组织架构与实施流程管理显得尤为迫切与重要。

鉴于当前市场竞争日趋激烈，客户订单已呈现出多品种、少批量的脉冲式态势，企业运营方式与流程亟待调整，以应对市场带来的多样化挑战。无论是扁平化的组织架构还是项目制的运营方式，其核心目标均在于精准响应客户需求，优化企业资源调度，确保采购供应系统的顺畅运行。

因此，企业总效能的高低，实质上取决于企业竞争价值定位、供应链运营、组织架构与流程管理这三大核心板块的协同效能。无论是内部效率的提升，还是外部资源的整合与管控，都将直接反映在企业运营总成本之中。而企业运营总成本最终将通过产品价格这一直观形式得以体现，进而对企业的竞争力产生深远影响。

2.5　基于企业竞争战略的 OTEP 采购系统管理方案

在构建竞争战略与采购战略的框架时，应当依据品类战略进行详尽的细分。而在将采购战略转化为具体的采购方案时，需以 OTEP 模型为支撑。

在众多企业管理者的观念中，采购的核心价值往往仅限于交易层面，他们未能充分认识到采购在管理科学方面的深层内涵，更未能将其提升至战略层面的高度。此外，对于采购的基础理论，企业管理者的研究亦显不足，这导致其无法为企业的采购实践提供科学、系统的指导。

2.5.1　采购与供应链管理 OTEP 模型架构

笔者曾对 31 家企业（包括 25 家制造型企业、3 家全球性贸易型企业、3 家服务型企业）进行现场调查，并建立采购与供应链管理 OTEP 模型，该模型主要从采购组织（procurement organization）、采购思维（procurement thinking）、采购操守（procurement ethics）与采购绩效（procurement performance）4 个维度进行建设，简称 OTEP 模型，如图 2.5.1 所示。

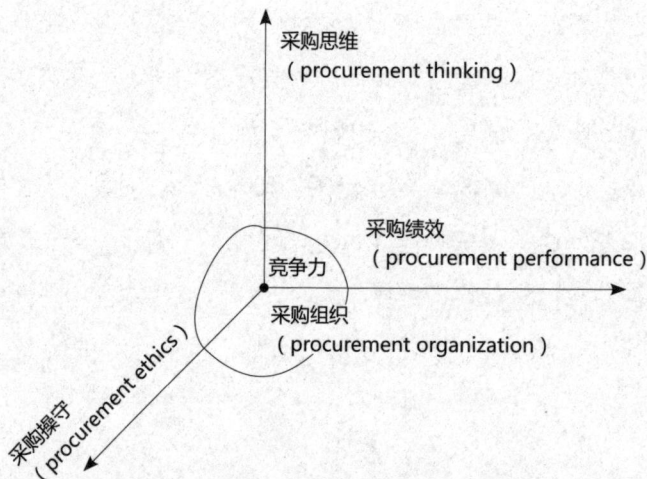

图 2.5.1　OTEP 模型

1. 采购组织（procurement organization）

组织力就是生产力。

采购制度建设的滞后性是否对满足客户需求产生了不利影响？采购过程中的腐败行为及漏洞是否难以彻底防范？……解决了这些问题，我们才能构建以战略目标和绩效管理目标为导向的采购组织制度与流程，才能对采购体系进行规范化管理，从而降低采购风险，提升采购效能。

具体工作任务与目标如下。

（1）协助采购组织明确其任务与职能。

（2）协助确立采购组织的目标、流程、制度，并优化跨部门的信息交流机制。

（3）助力构建以绩效目标为导向的采购组织架构及评估体系。

（4）指导采购组织适应实际工作需求，提升采购执行能力。

2. 采购思维（procurement thinking）

采购思维即采购精神。

具体工作任务与目标如下。

（1）明确并加强采购财务意识，认识到采购对盈利的积极贡献。

（2）构建清晰的采购与供应链管理逻辑框架，帮助采购人员全面、立体地理解采购任务与目标。

（3）树立并强化以盈利为导向的采购理念，同时帮助采购人员培养良好的心态。

（4）通过分析采购案例，帮助采购人员深化对采购的全面认识。

（5）整合财务价值，促进职业采购理念的构建。

3. 采购操守（procurement ethics）

采购操守，即采购职业道德规范。鉴于采购行业的特殊性质，采购人员在职业活动中应当遵循基本道德标准和行业规定。

具体工作任务与目标如下。

（1）构建健全的采购职业发展规划。

（2）界定采购企业伦理与职业伦理的具体内容。

（3）建立知识产权、保密信息及其他资源的标准化管理体系。

（4）指导采购人员确立行为准则：始终致力于创造价值，个人保持诚信，实事求是地开展工作。

4. 采购绩效（procurement performance）

采购绩效是采购活动的核心要素。企业应构建采购人员能力的雷达图，以帮助采购人员完成采购。

具体工作任务与目标如下。

（1）明确采购战略与采购任务之间的关联性。

（2）培养采购人员的供应商开发、筛选、评估及管理能力。

（3）提升采购人员降低采购成本与进行商务谈判的能力。

（4）完善绩效系统，这涉及计划、仓储、生产、配送、工艺、调度等多个方面。

（5）指导采购人员掌握工具与方法，以实现技能的实际应用。

对上述 4 个维度进行综合对比，如表 2.5.1 所示。

表 2.5.1   OTEP 模型的 4 个维度对比

OTEP 模型维度	俗解	简称	团队构建
采购思维	有想法	有才	有德有才，破格重用 有德无才，培养使用 无德有才，限制使用 无德无才，坚决不用
采购绩效	有办法		
采购操守	职业化	有德	
采购组织	组织化	有体系	

OTEP 模型依据企业竞争战略，从采购组织与流程体系的设计到德才兼备的人才团队的构建，所涵盖的所有绩效与技能，均基于企业当前竞争与长期可持续发展的需求。该模型通过对企业内部流程系列化的设计与优化，整合企业资源，以支撑企业竞争战略。

2.5.2   采购绩效：采购能力模型和采购任务模型

OTEP 模型中的采购能力模型与采购任务模型如图 2.5.2 所示。

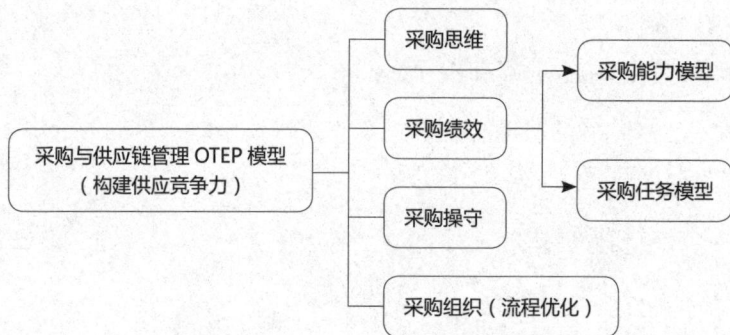

图 2.5.2   OTEP 模型中的采购能力模型与采购任务模型

采购绩效与采购能力模型和采购任务模型有关。

采购能力模型，即采购人才在达成采购目标的过程中所展现的特质、动机、价值观、行动及技能的综合体现。它详细规划了实现企业整体采购目标所不可或缺的行为模式、技能及知识。因此，采购能力模型被视作采购与供应链管理相关人才核心竞争力的具体体现。

在构建模型的过程中，首先需深入理解企业的长期规划与发展战略，以确保对企业采购目标任务的准确把握；随后，界定供应链高效运作的核心要素，确保对关键能力准确无误识别；接着，对这些关键能力进行详尽、准确的定义和描述，以确保其内涵和外延清晰；在此基础上，进行能力的细致分解与合理分级，以构建层次清晰、结构严谨的能力体系；最终，通过系统整理与归纳，形成一个全面、系统的六段能力模型库，为企业供应链管理提供坚实的理论基础和实践指导。

基于采购能力模型，笔者将职业采购人的采购行为分为六段，如表 2.5.2 所示。

表 2.5.2　职业采购人的六段采购

段数	目标 / 任务	动机	价值观	配置方向
一段采购	买东西	执行计划	无我	人际 / 计划
二段采购	买价格最低的东西	价格竞争	利我	人际 / 计划 / 议价
三段采购	买性价比最高的东西	当前评比	量我	人际 / 商务 / 谈判 / 物控
四段采购	买质量好、价格低、交期短、服务完善的东西	指标系统评比	评我	团队 / 谈判 / 物控 / 计划
五段采购	获得 TCO 最低的东西	价值响应	联我	团队 / 价值 / 整合 / 商务
六段采购	以最低的 TCO 获取外部具有竞争力的资源	增值竞争响应	链我	供应链协同 / 竞争 / 共赢

六段采购的具体内容如表 2.5.3 所示。

表 2.5.3　六段采购的具体内容

	特质动机	行为表现	知识 / 技能	行为标准
一段采购	买东西	机械执行购买计划	人际互动、计算机基础、计划协调等	分析需求与计划 利用网络搜索信息 比价议价 下单 / 跟单 / 交付入库 商务结算 合作反馈
二段采购	买价格最低的东西	货比三家、询价议价、讨价还价	人际互动、计算机基础、商务谈判、计划、财务基础等	价比三家 了解市场行情 商务议价 协同跟进

续表

	特质动机	行为表现	知识/技能	行为标准
三段采购	买性价比最高的东西	横向价格参照、纵向质量评估	人际互动、商务谈判、物控与计划管理等	采购需求分析 价格调查/市场资讯收集 跨部门协同生产/研发/计划等 质量管理
四段采购	买质量好、价格低、交期短、服务完善的东西	多维比较、理性假设、择优选择	团队管理、商务谈判、物流计划、品质交付等	分析采购需求 制定采购策略 评估并选择供应商 过程跟进与绩效反馈 跨部门协调 采购绩效优化
五段采购	获得 TCO 最低的东西	数据建模、系统分析、综合评估	团队管理、价值流识别、商务整合、物控计划等	企业战略分解 采购策略制定与实施 跨部门/团队协调 价值分析与整合 供应链合作 流程信息化
六段采购	以最低的 TCO 获取外部具有竞争力的资源	价值链优化与整合、竞争资源系统化	团队管理、商务管理、供应链管理、计划物流、价值分析、法律基础等	企业战略与供应战略制定 采购策略与方案制定 供应链设计 对外接口系统化 物流优化与管理 采购体系建设、管理与优化 不断学习、自我完善

采购任务模型，简而言之，即一种为实现采购绩效目标而设计的任务综合体系，该模型侧重于通过采购人员的合理配置，来达到预期的采购效果。采购任务模型主要基于以下 5 个任务。

1. 确保供应

为确保采购活动顺利进行，采购人员要全面收集市场资讯，以深入理解和把握市场需求及未来发展趋势。在与供应商的合作中，采购人员要提出有利于企业的供货条件，这包括但不限于产品质量、包装标准、品牌选择、折扣政策、定价机制、进货奖励措施、广告赞助支持、促销策略、订货流程、订货数量、交货期限及送货地点等关键要素。这些条件能确保采购标准与企业需求相契合，确保供应商高效供应与准时交付。

2. 确保总成本最低

战略采购的核心要义在于构建服务供给渠道时，确保总成本达到最低水平，而非仅追求单一的最低采购价格。实践中，低价背后常伴随着总成本的隐性增长，然而这一点往往被企业忽视。例如，一些企业为防范腐败风险而设立专门的审计部，然而当审计部脱离企业采购实际、过度强调低价采购时，不仅会削弱采购部门的专业性，还会使采购人员陷入烦琐的内部审计流程中，以证明采购价格的合理性。这种做法无疑降低了采购部门的价值认同感。

战略采购的成本控制是一个涉及供应商、采购部门、生产研发部门及售后部门等多环节的循环过程。因此，企业在进行采购活动时，必须秉持总成本最低的原则，全面把控采购流程中的关键成本及相关成本，以确保整体效益的最大化。

3. 建立共赢关系

不同企业在实施采购战略时，应采取与自身需求相契合的方法。有些企业侧重维护良好的合作关系，有些企业倾向于追求竞争性定价，亦有些企业认可采购外包模式。然而，需明确的是，战略采购并非零和博弈，而是一个基于商业协商的过程。

若企业过度依赖采购杠杆以迫使供应商让步，则最终无法成为此过程的真正受益者。因此，企业应当秉持建立共赢关系的原则，基于对原材料市场的深入洞察和对自身战略的考量，力求实现所有利益相关方的共同繁荣。

在过往的实践中，笔者曾协助某企业实施成本改善项目。该企业通过构建与供应商间的良好共赢关系，实现了采购数据、工艺计划、模具安排、研发改进及品质协同等多方面的优化。经过不到 3 个月的努力，该企业的准时交付率显著提升至 98%，同时采购综合成本下降了 11.5%。这一案例充分展现了共赢原则在采购实践中的积极作用。

4. 提升采购能力

采购活动并不仅限于交易过程，因此，企业所需具备的能力也远不止询价与谈判能力。采购的理想能力框架包括 3 个核心领域：采购精神、采购绩效以及采购职业化。3 个核心领域可进一步细化为 6 个关键领域：采购逻辑、采购战略能力、供应商整合与关系管理能力、品质管控与计划能力、成本建模与管控能力、商务协同与谈判能力，具体如图 2.5.3 所示。

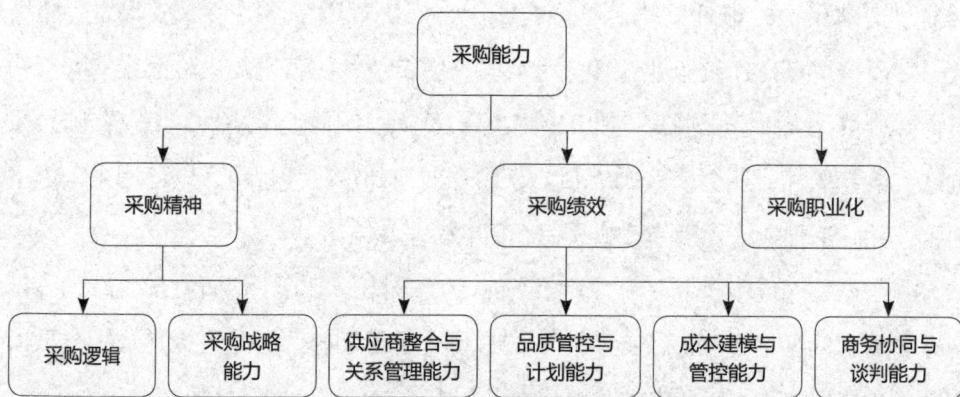

图 2.5.3　采购能力细分

同时具有以上 6 种能力的企业实属罕见，然而，企业应当不断提升自身的采购能力，并力求在以下 3 个关键领域取得显著进展：一是成本建模与管控能力，这是构建战略采购循环的基石；二是采购战略能力，它有助于推动采购活动从战术层面上升至战略层面；三是供应商整合与关系管理能力，这是确保与利益相关方实现共赢的关键。

5. 制衡与合作

供应链是一个动态系统，其中企业与供应商之间虽非零和博弈，但仍存在相互比较与选择的过程，双方均具备议价的优势。为了实现稳健发展，企业应当充分了解供应商的业务战略、运作模式以及竞争优势等信息，以便在合作中寻得平衡点。

即使企业在特定情境下选择与单一供应商合作，也应遵循制衡与合作的原则。企业需持续关注自身所在行业及相关行业的动态，积极考虑如何通过深化与供应商的合作，来降低运营成本、增强市场竞争力，从而与供应商建立长期稳定的合作关系。

2.6　供应链全局优化：提升供应链核心竞争力的策略

供应链优化是一项涉及全局的工作，涵盖了采购战略、流程、策略、绩效、运营以及人才团队管理等多个方面，形成了从战略到战术的完整运营系统。因此，在推进供应链优化时，必须强调整体性和系统性，避免仅局限于单个企业或单一职能层面的局部优化，而是应实现供应链领域的全局优化，实现供应链的集成管理。

另外，面对市场不确定性增加、竞争复杂性加剧的形势，大多数行业都在经历不断的重构。供应链的架构和运营方式必须顺应这种变革趋势，灵活调整以适应市场变化，否则企业将在行业重构过程中失去竞争力。

针对上述问题，实现供应链全局优化的关键在于优化产品流、信息流和资金流，加强跨部门、跨组织、跨行业的协同合作。这些举措可以显著降低供应链管理成本，提高供应链运营效率，并提升服务水平，进而增强供应链的竞争力，确保企业在竞争中脱颖而出。

2.6.1　从组织机制层面提高协作效率

在企业组织架构中，产品流、信息流、资金流一般呈现跨部门、跨职能的运作模式。因此，供应链管理的核心理念在于通过协同合作，解决跨部门、跨职能的问题，以实现供应链整体优化。此种协同方式能够有效消除各部门和员工在协作意愿上的障碍。

此外，企业在强化员工协作意识方面亦需积极作为，并且应通过组织机制的优化为协作创造有利环境。目前，企业中普遍存在"部门墙"现象，其根源在于职能分工过度细化以及绩效指标设置不合理。随着职能分工的进一步细化，"部门墙"现象愈发明显；绩效指标的不合理设置则进一步加剧了部门间的隔阂。例如，采购部门过度关注成本控制，质量部门仅聚焦于检验合格率，生产部门则片面追求设备综合效率。这样设置绩效指标未能有效支撑企业的竞争战略，导致各部门工作缺乏必要的关联性，各部门往往过分强调自身的重要性，而忽视了其他部门在企业运营中的价值。

在这样的背景下，跨部门、跨职能协作显得尤为困难，难以取得实质性进展。

企业应深刻认识到，要想实现供应链全局优化，必须在组织机制层面构建坚实的保障体系，以确保优化过程的顺利推进与成果的维持。

在多年的供应链全局优化整合实践中，我们严谨地运用项目管理工具，实施跨部门、跨组织的供应链优化整合策略，取得了显著成效。这不仅解决了"意愿"层面的问题，也有效推动了能力的提升。我们的项目管理并非仅限于采购环节，而是采用全面的机制，构建跨部门、跨组织、跨岗位的协同团队，以承接并执行供应链优化整合的具体项目。这一流程涵盖项目立项、团队组建、实施跟进、项目总结与成果固化。

一旦项目立项，相关部门将全力提供资源和人员支持，确保项目团队能够高效协作。项目团队需在规定周期内完成阶段性任务，并在取得成果后对成果进行固化。项目完成后，项目团队方可解散。这一举措确保了供应链优化工作的系统性和持续性。

案例 某新材料替代项目如何推进

某集团采购中心在深入进行市场调研与市场分析后，协同相关部门对新材料替代项目进行了全面且细致的评估。基于综合评估结果，该集团采购中心郑重提出了替代申请。通过严格的 SWOT 分析，该集团采购中心确信该项目已具备进入实施阶段的条件，并据此申请组建项目组，以开展具体的替代工作。

一、项目背景信息

依据材料的分类，该材料属于内包材（存在较高的质量风险），因此必须开展为期近一年的加速试验及相应的评估工作。基于此，该集团采购中心设定了两年的项目周期。

二、项目组组成

组长：采购中心内包材寻源主管。

组员：采购中心内包材采购执行员、采购分析员（负责供应商评估和材料分析，确定替换后的材料采购成本和采购策略）。

质量部（QA、QC[1]）：负责制定稳定性考察方案和试机验证方案，得出稳定性考察结论和试机结论并出具对比报告（与替换前材料对比）。

车间工段长和班组长：组织试机并填写试机报告，完成试机验证。

生产管理部计划员：控制被替换材料的所有在途库存和供应商备料数量，缩短替换周期，减少库存损失。

三、项目预期目标

（1）经过替换操作，材料的上机适应性得以维持或有所提升。

（2）针对质量风险方面，通过此次替换，风险级别相较于替换前已显著下降一个数量级。

（3）在相同的采购规模下，经过此次替换，年采购成本降低 5%~8%。

该项目风险分析如表 2.6.1 所示。

表 2.6.1　项目风险分析

序号	风险描述	风险应对措施
1	新材料与现有设备包装要求适应度不高	选择前需广泛上机试验
2	新材料不能满足集团药品质量保障要求	试验方案一定要详尽
3	新材料原料靠进口，进货周期长	尽可能提前给出大概的年需求量并备货
4	新材料原料靠进口或生产工艺复杂，采购成本高	若进口量较大，可依托量的优势进行谈判
5	持有新材料药包证书的供应商有限，供货保障不力	积极培养新供应商
6	新材料市场检验时间短，有潜在隐患	尽可能选择已上市 5 年以上的材料

该项目进度表如表 2.6.2 所示。

1　QA的全称是Quality Assurance，中文意思是品质保证、质量保证。QC的全称是Quality Control，中文意思为品质控制。

表 2.6.2　项目进度表

项目	年份	2013												2014											
具体工作	月份	1	2	3	4	5	6	7	8	9	10	11	12	1	2	3	4	5	6	7	8	9	10	11	12
1	前期准备																								
2	试验计划																								
3	不同材料试验																								
4	现场试机																								
5	确定材料																								
6	不同供应商材料试验																								
7	选择供应商																								
8	提出变更申请																								
9	逐步替换包材																								
阶段描述								前期积累阶段											重点攻关阶段							

该跨部门项目最终取得成功，原因如下。

（1）项目成果对集团有益并由多部门共享，因而解决了"意愿"层面的问题，也就是各部门愿不愿意参与的问题。

（2）在项目周期内，各部门集中资源以避免浪费，发挥各自优势进行互补，更全面地规避了项目风险，保证了更高的成功率。

（3）奖励到位。取得成果后，集团根据贡献进行奖励，奖励既分配到个人也分配给团队。因此，从项目经理到项目组成员，都有很高的积极性。

（4）多部门牵头、集体参与。新材料引进工作既可以由采购部门牵头，也可以由质量部门牵头，还可以由生产部门牵头，其依据在于当前痛点集中在所选部门。另外，只有相关部门人员都被纳入项目组，集体参与，项目才能取得良好的效果。任何一个部门单打独斗，不仅会让项目周期大幅度延长，也会成倍提高不可预见的风险；在最后的评审中，项目极有可能无法通过验收而浪费资源。

（5）供应商参与。项目前期，主动引入供应商，在项目中对供应商运营流程进行改善和调整，使其配合随后的验证和试机过程。这样的供应商在进入正式供货阶段后，能够优先获得较多订单。即便是老供应商，也能因为在项目中配合度高，获得年度供应商评估加分，有机会在老的供应品种上提高供应份额。因此，供应商对项目的参与积极性和参与度很高。

从更高层面看，"意愿"层面的问题要通过组织机制的优化加以解决，企业要主动培育跨部门、跨组织、跨行业协作的土壤。

1. 机制问题

企业领导者应当审慎地评估企业内部是否构建了健全且有效的机制，以积极引导协作和促进协作的顺利进行。在成功的项目管理实践中，激励机制的设立应当全面而周密，从企业高层的战略规划到基层班组的日常工作，都应有对应的管理监督手段和明确的奖惩措施。同时，评审标准的设定应更加聚焦于整体效率的提升、成本的有效控制及产品质量的保障。一旦项目组达成既定目标，全体成员应获得相应的激励与认可。对于供应商的绩效评估，亦应充分考量其创新能力和协作精神，并将评估结果与订单分配、年度优秀供应商评选等方面的激励机制相结合。

此外，在完善的激励机制作用下，供应商与项目组之间的紧密合作不仅加强了企业与供应商之间的沟通交流，稳固了双方的合作关系，更使双方在价值观层面达成了共识，为跨部门、跨组织、跨行业的协作提供了坚实的基础和有利条件。

2. 组织问题

"谁提痛点，谁担任项目经理。"项目经理可以由供应链上任何部门的员工担任。其中，部门经理、主管往往在项目实施过程中担任协调者和沟通者，而不一定是项目经理。

某企业中，某个品类物料的采购执行人、质量部的现场 QA，都曾担任过项目经理。这种设计的好处在于能打破岗位和层级的界限，发挥个人的主观能动性。此外，担任项目经理对员工个人综合素质的提升也非常有帮助。

实际上，项目的成功执行通常要求多个专业部门及供应商之间的高效协同。在此过程中，项目经理的角色至关重要，他们需要确保分工合理、有效管控进度，并通过深入学习、沟通和协调，达成既定的项目目标。这种组织模式不仅对于项目的顺利完成至关重要，同时也极大地促进了员工的成长和团队的建设。员工通过参与项目，能够获取更多的学习和提升机会，这有助于激发他们在日常工作中主动寻求改善和创新的动力，甚至鼓励他们主动提出并承担新的项目。

在项目组织过程中，目标的确立至关重要。若企业领导者仅专注于成本，可能导致质量控制部门与生产部门产生忧虑，并削弱其工作动力。然而，若项目目标综合考量了质量、效率与成本等多方面因素，各部门则会因受到重视而自发地团结协作。参与项目的部门在协助他人解决问题的同时，亦能促进自身流程的优化，从而形成正向循环。

综上所述，团队参与项目的积极性的高低，实则取决于组织机制是否能够有效提供全面保障。为确保团队的积极性得以充分发挥，企业需通过项目构建激励与协作的基石，形成并传达明确的价值观至每个员工、节点、岗位、部门乃至供应商，进而从根源上解决"意愿"层面的问题。

2.6.2　供应链全局优化理念

在解决"意愿"层面的问题之后，企业所面临的新的挑战是解决"能力"层面的问题。为此，企业领导者必须有供应链全局优化的理念。

1. 关注总成本最低原则

在评估供应链的全局优化程度时，不可仅以获得成本为单一考量标准，而应综合考量包括时间成本、资金成本、库存成本、消耗成本、沟通成本、质量成本等在内的总成本。企业需学会进行总成本核算。

案例　云南白药的"三降一升"

2011 年，云南白药实施了整体搬迁至呈贡新厂区的举措，实现了多种药品及机器设备的整合与集中生产。其中，颗粒剂药品的生产由原来分散于 3 个区域，统一转移到单一产区。然而，由于历史沿革，公司近 30 种规格的颗粒剂药品采用了 5 种不同结构的包装复合膜。频繁更换品种、材质及设备，导致生产过程中参数调整频繁，转产周期延长，生产效率降低，废品率升高。

同时，供应商为了确保供应稳定性，不得不对不同材质的物料进行备货。产品品种结构的差异和订单的波动性，导致库存积压和供货不足的情况交替出现。此外，原来部分产品仅限于省内销售，销售范围扩大至全国后，原有产品材质面临省外运输过程中高温高湿环境的挑战，存在吸潮结块的质量风险。为了解决这些问题，采购中心提出了统一材质的策略，并组建了项目组，邀请供应商、生产车间及质量管理部门共同参与。

项目组在前期进行了深入的调研和沟通，并对材质的物理、化学特性进行了专业分析和广泛的稳定性测试。最终，项目组决定将所有材质统一为 PET/AL/CPP 结构，这显著提升了材质的阻隔性能，从而最大限度地保障了产品的安全性。

尽管该优化方案使采购成本有所上升，但从整个供应链的总成本角度考虑，却是非常合理的。主要原因是：质量风险和质量成本降低；统一材质后供应商备货量减少，库存积压减少，交货准时率提高；生产环节中，统一的材质适用于所有设备，减少了频繁的调整需求，换产速度加快，生产效率提升，废品率降低。

综合来看，不同环节的成本实现了"三降一升"。

2. 关注整体效率最高原则

在推进供应链全局优化时，企业领导者必须全面考量整体效率，而不能单一追求某一环节的极致表现。事实上，整体效率的提高，往往伴随着某些局部环节的暂时调整与妥协。

以采购环节为例，在供应链全局优化的过程中，采购部门常扮演引领者的角色，众多优化项目和机会的发掘均源于采购部门的敏锐洞察与积极作为。

然而，在提高整体效率的过程中，采购部门需展现暂时妥协的胸怀与智慧，即在一定阶段，适当放宽对成本指标的严格要求，转而协助其他部门提升效率与能力。经过多轮优化循环，最终总成本往往能够达到最低水平。

反之，若采购部门仅聚焦于成本控制，忽视与其他部门的协作与配合，长期下来，可能会陷入孤立无援的境地，难以完成新的优化目标。

因此，在项目实施过程中，各部门应尊重事实和数据，充分考虑协作部门的绩效，共同在质量、效率、成本之间寻求最佳平衡点，以持续提高整体效率。

3. 重方向和过程而非结果

供应链全局优化应当注重方向和过程，而非仅仅关注结果。项目领导者与参与者需具备坚定的信念与持久的耐心，专注于每件事，力求将每件事做到极致，将有限的精力与资源集中于目标上。重视方向意味着顺应时势。在乌卡时代，创新突破尤其依赖于把握趋势。众多企业领导者常强调全局观念与整体优化，但整体优化并不意味着各环节、各部门同步推进。实际上，持续的局部优化构成了整体优化的实质。企业应把握当前一两个重点或机遇，集中资源与精力以实现突破，关键在于合理配置资源、明确目标，并在限定时间内取得阶段性成果。在全局观念下分步骤、分阶段实施优化，才是更为切实可行的实践路径。

2.6.3　落地方法：2 个原则、3 个流程、5 个层面

关于供应链全局优化项目的实施，建议遵循总成本最低和整体效率最高的原则，从物流、资金流、信息流 3 个核心流程切入。这个项目不仅涵盖上游的供应商及其供应链，也包含下游的客户及其供应链，同时，企业内部的各个环节和部门亦在优化范围内。通过全面审视和深入分析，企业领导者可以识别出大量具备优化潜力的领域。

在实际工作过程中，供应链全局优化工作可从 5 个层面依次展开。一是供应商管理层面，涉及供应商的整合、渠道的优化、供应商绩效的提升及供应商能力的增强。二是运营管理层面，需对流程进行梳理、优化并重构，同时调整管理架构以实现优化。三是模式优化重构层面，包括供应链管理模式的重构及产业链的重组。四是创新层面，涵盖工艺、材料及流程的创新。五是团队赋能层面，需构建基于专业度的包含资源整合能力、沟通协调能力等在内的综合能力体系。

下面通过 4 个案例，介绍企业如何通过分阶段、分项目的持续局部优化，实现供应链全局优化。

案例 1　供应商管理——供应商能力提升

自云南白药采用统一的纸质包装材料以来，包装质量有所提升，然而，印刷质量问题，如色差等，尚未得到根本性的解决。人为因素导致的收货与退货之间的矛盾，频繁地给质量控制、采购、生产部门及供应商带来困扰。

云南白药的彩印纸盒主要存在色差、上机不顺、混盒子、溢胶、监管码有误等问题，如图 2.6.1 所示。其中，色差和监管码有误占 50%。色差作为胶印行业长期存在的问题，一直未能得到有效解决。供应商表示对此无能为力，但这一现状严重损害了公司的品牌形象。

因此，优化方向已明确，即引导供应商建立可视化的数字化交付标准。云南白药计划自己牵头，借助外部力量，协助供应商制作印刷过程中的色彩控制操作规范手册，以提升供应商层面的产品质量。

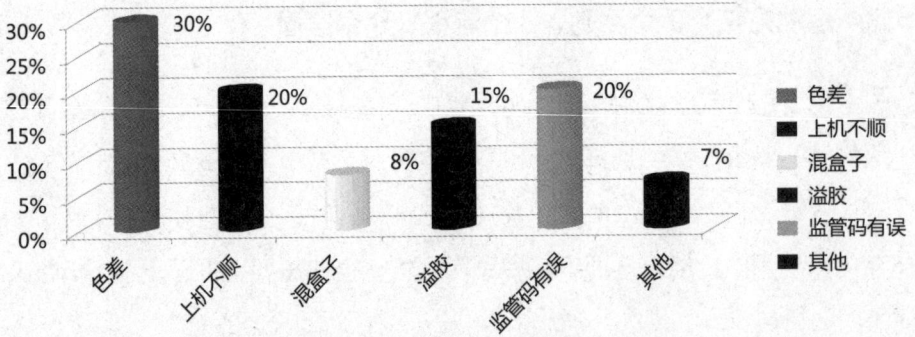

图 2.6.1　云南白药彩印纸盒存在的问题

云南白药 PSA 纸盒色彩管理项目于 2014 年 7 月启动，由采购中心牵头，在市场部门、质量部门的积极配合下，通过印刷专家的技术指导，经过 8 家纸盒印刷厂、2 家纸张供应商的积极努力，一期项目已于 2016 年底正式结项。该项目完成了云南白药纸盒《包装产品质量检验手册》中色彩质量标准、评分送检方法、检验工具及标准等方面的具体规范的制定。云南白药是国内首家建立了数字化印刷产品标准的制药企业，同时帮助纸盒供应商建立了色彩管理标准和操作规范。

从项目实施前后 3 年的偏差数据统计图可以看出，相关规范实施后，产品质量和稳定性大幅度提升，色差等印刷质量问题得到有效控制，产品上机适应性也大幅提高，产品质量标准由原来的感官标准全部量化为数字标准。供应商建立规范后废品率大幅降低，对产品质量的控制由原来的依赖个人经验发展为按规范操作，产品一次合格率大幅提升，色差问题得到了有效控制，不同供应商、不同批次、不同时间生产的同一产品的色差完全在可控范围内。供应商实实在在感受到了色彩管理带来的好处，将优化后的技术标准不仅应用在云南白药的产品上，也应用在其他客户的产品上。

色彩管理项目不仅有效提升了云南白药的产品质量，也帮助供应商进行了整体优化，提升了其竞争力。

妥善管理供应商是确保供应链高效运作的关键。选择合适的供应商是管理供应商的先决条件，恰当的选择能够显著提高工作效率，反之则会事倍功半。在确定供应商之后，管理供应商成为企业的主要关注点。企业需考虑具体的管理策略、供应商绩效评估标准是否公正客观，以及如何维护供应商关系等问题。不同的管理态度和策略将导致截然不同的效果。

从基本原则出发，供应商管理的核心在于价值观的传递。通过供应商管理体系和绩效指标，企业应准确地将自身的价值观传达给供应商，使其明白企业的价值导向，从而明确工作中的行为准则、重要事项及不可逾越的界限。

供应商能力水平不均衡是企业普遍面临的挑战。为了提升供应商整体的能力水平，建立明确的奖惩机制是基础，这包括如何进行供应商的选择、管理和评估。然而，随着市场竞争环境的变化，供应链的运营模式亦需进行相应调整。

例如，供应链的演变过程呈现出一些共性：客户需求在供应链中的渗透点不断前移，随着向供应链下游的深入，供应商转化和适应成本逐渐增加，这使得提升供应链的整体效率变得更加困难。与此同时，供应商与企业之间的依赖性日益增强，转化成本的长期性亦会导致企业供应链总成本的增加和竞争力的减弱。因此，在新的竞争格局中，企业对供应商的管理应当实现从"猎人模式"向"牧人模式"的转变（即从商务型采购向顾问式采购的转变）。这一转变的相关策略包括信息共享、鼓励供应商早期参与、建立战略合作关系、投资关键供应商及协助供应商进行改进等。这种整合共赢的策略，已成为当前企业为提高供应商管理能力和供应链竞争力而采取的主要策略。

案例 2 流程创新、供应链信息化、供应商门户信息系统

云南白药企业资源计划（Enterprise Resource Planning，ERP）系统属于 Oracle 电子商务套件（Oracle EBS）。该套件于 2006 年引入云南白药。2013 年 1 月，公司制造中心的生产、采购、质检、库存模块正式上线，替换原有的 ERP 系统；同年 7 月，高级供应链计划模块上线，Oracle EBS 的全模块实施完成。

依托公司的 EBS 系统，采购中心终于可以拓展供应链的信息化建设，将传统采购方式替换为互联网模式下的新型采购方式。供应商门户信息系统的搭建和实施也就此提上了日程。

在传统采购方式下，采购员依靠电话、传真、QQ 来沟通供需信息，催单盯货。这些方式导致工作繁复、效率低下，公司实施 VMI 后虽已取得阶段性成果，但因缺乏信息系统支持，仍存在物流配送不顺畅、结算依据不明确、存货占用公司大量资金、供应链整体运作效率有待提高等问题。

为了提高供应链运作效率、压缩采购周期、简化采购业务流程，公司需要构建高效透明的供应商门户信息系统，并将创新的管理模式与该信息系统结合。

在初步构建供应商门户信息系统之后，公司实现了与供应商及时、准确地共享排产与供需信息的目标（在用户授权的基础上确保了信息的安全性）。因此，供应商的信息资源得以通过该系统有效地融入公司的供应链管理体系，这提升了协同工作的效率，减少了沟通成本，规范了信息反馈流程，并增强了信息的可追溯性。供应商门户信息系统使用之前的贴身服务如图 2.6.2 所示，供应商门户信息系统使用之后的贴身服务如图 2.6.3 所示，对比两图可发现，工作效率大幅提升。

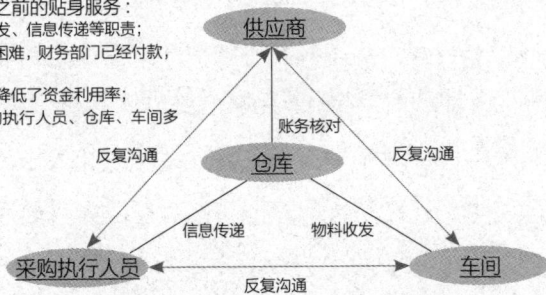

图 2.6.2　供应商门户信息系统使用之前的贴身服务

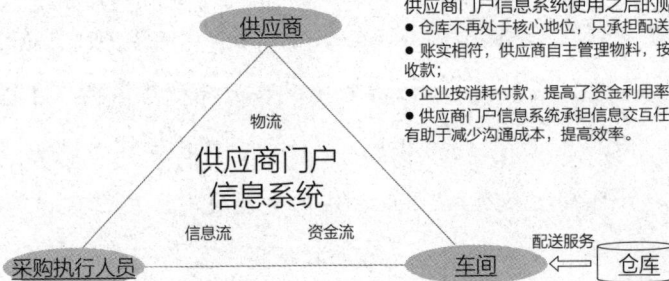

图 2.6.3　供应商门户信息系统使用之后的贴身服务

在供应商门户信息系统顺利运行后，公司继续对业务流程进行信息化再造，开展并实施了采购业务财务一体化项目,打通了供应链资金流。

云南白药生产性采购订单确认、物料入库、付款、对账的流程涉及多个系统,包括 EBS 系统、供应商门户信息系统(下文简称"SP 系统")、电子报账系统(下文简称"EAS 系统")、预算系统和银行企业互联系统。

系统之间的信息流原来没有完全打通,数据来源和出口分散在多个系统中,多个系统独立运行,造成系统间数据信息脱节、断点,形成了信息孤岛。实施采购业务财务一体化项目,依靠信息技术打造全面集成的数据管理平台,可实现供应商自助开票、EBS 系统自动匹配发票、EBS 系统根据供应商账期为预算系统提供付款计划、EBS 系统将符合付款条件的发票推送到报账系统进行付款、EBS 系统把付款结果反馈给 SP 系统等业务功能。

对 SP 系统的开票和对账功能进行优化后,供应商可在 SP 系统录入开票结果并匹配入库单或领料单,相关数据直接导入 EBS 系统,生成应付发票;通过集成 EAS 系统、EBS 系统、SP 系统中的付款及预付款情况,可形成完整的供应商对账数据视图;集成 EBS 系统中的付款计划后,供应商可由此及时获知付款计划,采购中心无须再手工录入已付款信息。

EAS 系统和 EBS 系统集成产生的优化 EAS 系统,负责接收来自 EBS 系统的已匹配、已通过预算、已验证的发票,连同账期,自动发起付款流程;EAS 系统把分行和联行号传入 EBS 系统,再经由 EBS 系统传入 SP 系统,确保供应商在自行维护银行信息时分行和联行号与 EAS 系统的数据一致。

供应商付款账期的管理优化措施主要指通过 EBS 系统生成的付款计划可集成到 EAS 系统中,以便按时向供应商付款(但只有在规定的时候才付款,不能提前付款,并且只有符合付款账期要求的发票才能付款)。这一功能设计可以有效防止重复付款,避免超出预算。

EBS 系统与预算系统集成过程中,EBS 系统生成的付款计划可导出为 Excel 表格,经加工后可导入预算系统;已审批的预算可导入 EBS 系统,只有预算已审批通过的发票,才能传入 EAS 系统。

实施供应链信息化改造，显著提升了整个供应链的运作效率，使流程管理更加规范和合理化。从资金流的角度分析，此举提高了财务核算的时效性和准确性，降低了人为干预的风险，有效确保了公司财务制度的公正性和公平性；同时，减少了纸质单据的流转和审批等待时间，从而降低了管理成本和人力资源成本。此外，流程的优化也使公司业务流程更加规范，规避了潜在的资金风险。具体收益体现在以下几个方面。

1. 工作效率大幅提高

实施供应链信息化改造，实现了采购业务与财务核算的无缝对接，有效提升了工作效率；简化了与供应商的交互流程，缩短了采购周期，实现了 1~3 天自动入账；避免了财务跨系统审核和手工录入的错误，系统能够自动生成记账凭证。

对账流程变得更加简便和精确，发票处理速度加快，对账时间减少了 3~4 天。采购员报账无须再与财务人员交接发票和纸质单据，所有工作均可通过网络完成。这解决了 VMI 模式下的存货资金占用问题，付款周期至少延长了 2~3 周。

付款流程由 EBS 系统自动发起，并同步至 EAS 系统，经过审批后，再同步至银行企业互联系统，从而提高了支付效率并降低了支付风险。供应商门户数据的一次性录入，在 EBS 系统、EAS 系统、预算系统和银行企业互联系统之间实现了全程数据共享，确保了数据的全面互联互通。

2. 财务核算的时效性、准确性提高

实施以业务流程为核心的财务核算体系，实现了业务流程、财务流程与信息流程的整合，从而提升了财务核算的时效性和精确度。从采购订单的发起、物资的入库、预算的审批，直至付款的整个流程，均能实现精确追踪，确保了风险控制点的有效管理。财务核算系统根据采购合同的付款期限和设定的付款方式，能够自动计算并生成付款计划，避免了人为干预付款周期和金额，有效降低了资金审批过程中的风险，显著提升了资金使用的安全性。此外，财务部门与供应商直接进行对账，确保及时获取发票并入账，从而降低了税务相关的风险。

3. 成本降低

供应链信息化改造推动了无纸化办公的进程，显著降低了采购与管理的成

本。具体而言，整体运营沟通成本降低至少30%，供应商的送货效率亦提升了30%，同时订单、库存及领料数量的准确率已达到95%以上。供应商通过 SP 系统能够便捷地查询收款账期，并能实现完整的自动对账以及打印对账单据，从而实现了在线实时对账，效益显著。这种标准化模式能够迅速且高效地在公司内部推广，有效释放了人力资源，降低了管理成本，并提升了工作效率。

4. 供应链风险降低

供应链信息化改造过程，实质上是公司现代化治理水平的具体体现，推动了公司供应链管理理念的不断更新。在此过程中，我们运用信息化手段，对公司采购、质量检验、生产、仓储等各个环节的流程进行了全面梳理，并针对潜在的风险点进行了优化，从而显著降低了整个供应链的运营风险。

提升供应链信息化水平，是公司必须坚持做的重要任务。通过供应链信息化的深入应用，公司实现了更多执行工作的自动化和流程化，大幅提升了工作的透明度和合规性。这使得人力资源能够更多地从烦琐的事务性工作中解放出来，转而投入寻源、分析等能够为公司创造更大价值的领域，从而进一步提升公司的整体运营效率和竞争力。

案例3 材料、工艺、流程创新

云南白药牙膏自2004年上市以来，经过多年的飞速发展，取得了傲人的市场业绩，成为我国牙膏市场的知名品牌。由于云南白药牙膏备受欢迎，市场上相继出现了假冒伪劣产品，近年来这种现象尤为突出。

为了实现防伪和降成本两大目标，采购中心通过与供应链上下游的沟通，深入市场调研，分步制定了包装盒的优化策略。通过实施牙膏盒印刷纸张更换、取消独立说明书、用防伪纸取代普通纸等优化策略，云南白药实现了防伪、降低成本、提高供应商成品率等目标。

其实施优化策略的具体过程如下。

1. 取消牙膏盒全息防伪标

自2004年第一款云南白药牙膏诞生以来，全息防伪标在牙膏盒上使用了10

多年。全息防伪标原产地为德国，具有很高的技术门槛，在较长一段时间内起到了很好的防伪作用。随着行业技术的进步及牙膏的热卖，市场上逐渐出现了一些相似度极高的假冒全息防伪标，继续使用全息防伪标已经无法起到防伪作用。为此，采购中心在与技术人员、供应商和健康产品事业部多次沟通讨论后，最终决定取消牙膏盒上的全息防伪标。

2. 用防伪纸做牙膏盒以增强防伪性

蓝芯防伪纸自 2010 年启用以来，与全息防伪标共同起到较好的防伪作用。由于专利到期和造纸技术的发展，2016 年出现了仿冒的蓝芯防伪纸，这严重损害了消费者利益，也给公司的打假工作造成了巨大的困扰。全息防伪标取消，蓝芯防伪纸失效，品牌形象和市场共同向公司提出了寻找新一代防伪产品的迫切需求。

对此，采购中心与上游纸厂和中间纸加工厂共同开展了专项工作。众所周知，防伪想要有效果，必须有高技术门槛、高经济门槛。因此，项目组将着眼点放在纸厂造纸环节。

经过技术筛选和大量测试，项目组最终选定具有专利保护和特殊技术含量的芯层喷字防伪纸，成功解决了牙膏盒用纸的防伪问题，并取得了芯层喷字防伪纸在国内牙膏行业的独家使用及保护权，在满足防伪要求的同时保证了产品的独特性。

3. 取消独立说明书

云南白药牙膏是国内第一款拥有说明书的牙膏。说明书一直作为信使，向消费者传递云南白药牙膏的独特信息。

针对说明书，公司围绕既不能影响消费者体验感和品质感，又要节能降耗、减污增效的目标开展研讨工作，引入专业分析评估测试验证，在得到可接受的结果后，最终决定取消独立说明书，改为将说明书内容印制在牙膏盒内壁上。同时，说明书内容由原来的四色印刷变为单色印刷，减少了纸张和油墨的用量，达到节能降耗、减污增效的目的。取消独立说明书后，公司全年可以节约采购金额几百万元。在牙膏生产环节，因不再需要单独装填说明书，生产能耗降低，生产效率提升约 10%。这样就在不改变包装性能的情况下，节约了成本，提升了效率，保护了环境。

4. 对供应链各环节做优化整合，抵消替换防伪纸后的成本增加额

替换防伪纸后的实际成本比原先增加20%左右，针对这一问题，公司内部对所有环节进行了梳理、优化和资源整合。

（1）采用集中采购模式，利用公司知名度和集约规模效应，与上游纸厂达成战略合作协议，争取到了非常优惠的供应价格——只比原纸价格上涨7.47%，并且锁定了供应期价格。

（2）由于芯层喷字防伪纸的物理指标优于原蓝芯防伪纸，项目组与生产部门和质量部门开展了大量的测试工作，最终证明用375克覆膜芯层喷字防伪纸完全可以替代原来395克的覆膜蓝芯防伪纸，同时还解决了原来小克重规格的纸盒挺度过剩造成上机适应性不好、影响生产效率的问题。纸张利用率提高了5.06%，成本上升空间只剩下2.41%。

（3）优化纸张供应模式。原覆膜蓝芯防伪纸由国内不同地区的两个工厂分别进行二次加工，而在优化过程中，公司支持代理商在本地建立加工工厂，整合二次加工流程，提升了规模效益。同时本地的印刷厂不再自备库存，而由代理商的加工工厂为各个印刷厂备货和按订单送货，帮助印刷厂降低了库存水平和资金占用率。

通过上述整合和优化措施，本地代理商规模效益提升，物流成本降低，利润空间增加，优化产生的效益与公司共享，帮助公司抵消了最后的2.41%的成本上升空间。因此，采用最新的防伪技术并未导致终端产品成本上升，反而极大提升了产品的竞争力，维护了消费者权益。

在经过数次循环运用流程整合优化、综合降本及效率提升等改进措施后，企业领导者可能会感到企业陷入了发展瓶颈期，难以发现新的机会点和提升空间。正是在这一背景下，创新往往能够为企业带来新的希望和机遇。

1. 创新驱动力

在推动企业发展的过程中，工艺创新、流程创新、材料创新及模式创新等，

均构成了优化方向及潜在机遇的指引。团队需具备较高的市场敏锐度，对新材料、新工艺的发展态势及工业化、规模化进程保持精准的判断力和有效的应用能力。

同时，团队亦需具备自我学习和自我批判的能力，持续对现状进行深度反思与批判，以便灵活调整并优化现有流程、架构及运营模式。这种调整旨在使企业更好地适应外部环境的动态变化以及客户需求的日益复杂化，进而对供应链进行必要的变革与调整。

从发展的视角审视，企业内部不应存在永恒不变的元素，亦无绝对合理的状态。因此，顺应时代潮流显得尤为重要。在乌卡时代，顺势而为与持续创新更是至关重要。顺应潮流只能让企业保持跟随，而领势创新则能让企业占据领先地位，实现领跑。

2. 团队赋能

（1）专业度。"人才是第一资源"，供应链优化离不开团队和人才。为了提升团队的专业素养和敏锐度，企业必须拓宽视野，实现从事后管理向事前预测的转型，以便预先规避风险，逐步由被动应对转向主动掌控。随着救火式紧急事务的减少，企业将拥有更多的空间和时间去从容地思考和规划后续工作，并投入更多精力去优化供应链的各个环节，做出更多富有成效的尝试。

正因如此，采购专业度的提升是供应链价值持续提升中不可或缺的一环，也是大环境对采购从业人员和团队所提出的明确要求。一次双赢的谈判、一次成功的招标，以及对供应商的改善提供支持等工作，虽然看似日常，但无不体现了采购专业度。采购专业度的提升是一个长期的过程，采购团队需要持续关注、持续学习，不断实践、总结。

在当前环境下，知识已经由生产性变量转变为战略性变量。在互联网时代，面对时间的碎片化，专注和持续学习显得尤为重要。这也是专家团队与普通团队之间最显著的区别。更重要的是，采购团队地位的高低，在很大程度上取决于其专业度。只有具备高专业度的采购团队，才能有效地管理供应商，赢得供应商的尊重和支持。

（2）其他能力。在具备较高专业素养的基础上，采购团队还必须具备诸多能力。这些能力随着供应链运营的扩展和深化而不断演变，同时也会根据企业的战略方向而调整。在客户需求的动态变化过程中，对采购团队的能力要求涉及以下几个方面。

①资源整合能力。资源整合能力是识别哪些资源可以为我所用，以及整合和使用这些资源的能力。

②沟通交流能力。沟通交流能力受供应链运营的深刻影响，其作用在于连接供应链上下游的各个节点。因此，供应链运营绝非单打独斗，而是需要投入大量的时间和精力于沟通交流之中。可见，沟通交流能力是采购团队的核心能力。

③系统性思考能力。随着供应链的持续演进，企业对采购团队提出了培养系统性思考能力的要求。唯有如此，方能通过分阶段、分步骤持续优化，逐步提高供应链整体运营效率，降低供应链整体运营成本。

④跨界能力。在审视采购活动时，采购团队需要跳出传统的采购框架，以全新的视角重新观察，从而更全面地理解并优化采购流程。跨界将使采购的思维模式、应用场景及操作流程经历重构，这种思维格局和视野的高度将直接决定采购团队行为的边界。在当前这个充满变数的时代，采购团队在供应链运营管理上不应自我设限，而应持续进行跨界思考、换位体验，并勇于突破创新，以此探寻并把握新的发展机遇。

总之，采购团队必须顺应时势变化，不断寻求突破，才能有效承接供应链持续优化的任务。

案例4 供应链金融实践

凭借良好的现金流和征信记录，云南白药开始尝试供应链金融业务，提供优于银行和其他金融机构的融资利率和条件，并及时根据市场利率调整趋势进行融资利率的调整。

相比银行借贷，供应链金融业务的审批放款流程更加灵活快捷。申请对象只要是公司的长期合作供应商，就可以根据信用评级和年度框架合同量，甚至订单合同申请保理资金。供应商每年最多可以申请几千万元的资金，而不需要提供任何的抵押担保，资料齐全的情况下，通常一个星期就可以拿到融资款。

另外，鉴于自身良好的信用状况（信用等级为 AAA）和较强的财务管理能力，云南白药取消了所有的银行承兑，改为开具商业承兑，构建自身的商用体系。云南白药签发的商业承兑汇票可等同于远期支票，持票人在汇票到期前只需到银行办理票据托收即可收到款项。

上述供应链金融业务由采购中心牵头向供应商进行推广，两年内业务量就超过了两亿元人民币，供应商从不了解到灵活应用，从抵制到接受继而运用，云南白药为供应商在产能提升、老厂搬迁、新生产线引进、技术改造等很多方面提供了切实而灵活的帮助。

供应链金融，作为近年来备受瞩目的新兴概念，其重要性日益凸显。众多企业已涉足其中，有的致力于专业管理，有的则基于原有业态构建全新的金融业务平台，甚至多家银行亦积极参与其中。

供应链金融的核心在于识别并依托供应链中的核心企业，以此为出发点，为整个供应链提供金融助力。此模式能有效将资金引入处于相对弱势的上下游中小企业，从而解决其融资难题，并平衡供应链内的资金流动。同时，银行信用的介入进一步增强了上下游中小企业的商业信用，促进了中小企业与核心企业建立长期稳定的战略合作关系，进而提升了整个供应链的综合竞争力。

在供应链金融融资模式下，一旦供应链上的企业获得银行的支持，即等同于为整个供应链注入了活力，激活了整个供应链的运转。凭借银行的支持，核心企业还能为中小企业创造更多商机。

因此，通过全面优化整合供应链并灵活运用供应链金融工具，企业可以合理优化"三流"（物流、资金流和信息流），并显著提升整体运营效率。

上述案例均源于供应链运营管理的实际操作，真实反映了团队在赋能过程中的成长历程。这些案例从供应商管理、流程重构、创新及供应链金融等多个方面入手，以总成本最低、整体效率最高为目标，持续推动供应链的优化，展示了多样化的切入点和策略。

鉴于各企业实际情况的多样性，其实践路径自然各不相同。然而，通过实践积累的经验和方法论，不仅有助于企业自身的成长，也可能成为持续创新和优化的潜在障碍。供应链的全局优化同样面临这一挑战。

在此过程中，没有固定的模式可供参考，企业需不断挑战自我，以全局观和系统思维选择问题点，寻找优化机会。同时，企业应结合当前资源特点，分阶段、分步骤地开展优化工作，并持续创新，寻找新的发展机遇，以拉开与竞争对手的差距，积极领跑市场。

为实现这一目标，企业需在机制和组织层面解决"意愿"层面的问题，促使个人和团队通过持续学习和实践提升能力，形成跨部门、跨组织、跨行业的优化格局，持之以恒地提升核心竞争力，并在这一过程中影响每一名员工。

第 **3** 章

企业的竞争力与供应链支撑

企业的供应链战略应紧密围绕其战略目标对企业展开全面且深入的诊断，以精准识别需求的变化及潜在的变革方向。

在诊断过程中，企业领导者必须积极审视并理解当前企业的竞争环境、核心竞争力及既定的战略目标。进一步，企业领导者应评估供应链战略与这些战略目标之间的契合度，以及现有流程组织是否与供应链战略匹配。这些步骤对于确保企业供应链的高效运作和战略目标的实现至关重要。

3.1　企业竞争战略与供应链战略定位

企业对于竞争战略与供应链战略的精准定位，源自其对市场竞争环境的深入剖析及对自身资源的细致审视。这种精准定位对于企业的未来发展前景具有深远的影响，是其赢得持续竞争优势的关键所在。

3.1.1　企业竞争战略定位分析

在企业进行竞争战略定位分析的过程中，有两项核心任务需得到重点关注。首先，企业需精准评估自身在市场中所属的类型，确保当前的类型与所制定的竞争战略相契合。其次，企业需审慎选择适宜的竞争战略，以确保其不仅能为当前的运营提供指导，同时也能为未来的发展奠定坚实基础。

1. 分析所属的类型

在制定竞争战略的过程中，企业必须审慎考虑自身目前所属类型。根据企业在市场中所占份额的差异，企业可分为 4 种不同的类型：弥补者、追随者、挑战者及领先者。

（1）弥补者。弥补者类型的企业扮演着不可或缺的角色。这些企业专注于为特定细分市场的人群提供定制化产品或服务。举例来说，即便是规模相对较小、专注于为主流电子产品提供配套产品的企业，只要采取恰当的战略，也能在市场中稳健发展，保持良好的生存状态。

对于弥补者而言，其竞争战略的核心在于专业化。这意味着企业需专注于生产和经营那些具有独特市场需求的产品或服务，从而在较小的领域中占据稳固的地位。这种专业化可以体现在多个方面，包括客户群体的精准定位、供应链的优化配置、地理位置的特定选择、产品线的精细化发展、服务内容的定制化以及高度个性化的定制服务等。

在遵循专业化分工原则的基础上，企业需要审慎地选择发展方向，以确保捕捉到具有价值的发展机遇，从而在竞争激烈的市场环境中保持稳健发展态势。

（2）追随者。追随者虽然在市场中占据了一定的份额，但与行业内的领军企业相比，二者的市场份额仍有显著差距。由于追随者往往缺乏独特的技术或营销优势，其需要通过不断的自我改进来增强自身的竞争力。具体而言，追随者可以选择面向特定的客户群体，提供超出其预期的产品或服务，以满足其独特需求；同时，也可以进一步挖掘现有市场的潜力，提升盈利水平，从而稳固和增加自身的市场份额。

追随者可以采取以下3种竞争战略。

①紧随其后战略。追随者可在多个特定市场效仿行业领先者的做法，但必须与领先者保持一定的安全距离，避免产生直接对抗。例如，追随者可在产品功能上借鉴领先者，但在营销策略上应避免直接模仿领先者。

②适度跟随战略。追随者应确保自身与领先者之间存在广阔的安全缓冲区，可以通过适当减少产品功能、提升性价比、减小促销力度等措施来做到这一点。这些措施表明追随者无意争夺领先者的市场份额，而领先者亦乐见此类安全竞争者存在。

③选择性跟随战略。追随者可针对不同领域选择不同的竞争战略；对于自身拥有独特资源的领域，采取紧随其后战略；在自身劣势领域，则采取适度跟随

战略。

通过采取不同的竞争战略，追随者能够逐步增强自身实力，有望早日成为挑战者。

（3）挑战者。相较于追随者，挑战者通过规模的扩大和资源的累积，已在某一特定领域具备了挑战领先者的实力。其竞争战略的核心在于积极采取进攻态势，以获取更大的市场份额。

挑战者可以通过以下 5 种竞争战略，对领先者展开攻势。

①正面竞争战略。这种战略是指主要通过明确展示产品或服务的优势，或在法律允许的范围内实施价格下调，直接与领先者竞争，以期获得市场份额。

②侧面竞争战略。当挑战者难以采取正面竞争战略，或不愿承担相应风险时，可选择特定的地理区域或垂直市场，对某一领先者发起进攻。例如，在速冻食品行业这一原本稳定的市场中，思念食品在"汤圆"领域针对主流的大汤圆，推出小汤圆产品，最终成功占据领先地位。

③包围竞争战略。这种战略要求挑战者在多个方面对某一领先者发起侧面进攻。挑战者需识别领先者的多个弱点，并积极整合内外部资源，制定有针对性的竞争方案。

④迂回竞争战略。这种战略允许挑战者避免直接竞争，而在领先者尚未注意到的领域进行布局。例如，挑战者通过推出采用新技术制造的替代产品，向现有市场提供新的解决方案，从而取代领先者。

⑤碎片化竞争战略。这种战略主要采用"骚扰"战术，适用于实力较弱、竞争战略不明确的挑战者。其主要做法是从不同角度、范围、品类、方式出发，进行多样化的竞争。虽然这种竞争战略未必能直接带来稳定的市场份额，但可作为探索手段，帮助企业确定最终的追赶方向。

（4）领先者。在考量企业竞争态势时，若企业已在特定行业内占据了最大的市场份额，则该企业可被视为该行业的领先者。作为领先者，企业应首要关注其现有市场份额的稳固性与持续性，其竞争战略需涵盖对需求规模的进一步扩大及对现有市场的有效防御。

①扩大需求规模。企业为扩大需求规模，可采取积极寻找新客户的策略。具体而言，企业可针对当前非目标客户群体，如原来不使用该产品的客户，推出专项产品。此外，企业还可考虑拓展地理市场，或挖掘产品的新应用场景，从而吸引更多潜在客户，进一步扩大市场份额。

②防御现有市场。在应对当前市场挑战时，企业可采取多元化的策略以增强其防御能力。具体而言，企业可通过引入多样化的产品系列，以满足不同客户的广泛需求，并覆盖多个价格区间。例如，茅台作为知名白酒品牌，也拓展至红酒市场，以满足更多客户的口味偏好。此外，企业还需密切关注其竞争战略中潜在的薄弱环节，特别是易受攻击的"侧翼"，以便提前做出相应的准备和采取应对措施。

2. 选择正确的竞争战略

竞争战略可划分为 3 种类型，即低成本竞争战略、差异化竞争战略及目标集中竞争战略。

企业竞争战略分类如图 3.1.1 所示。

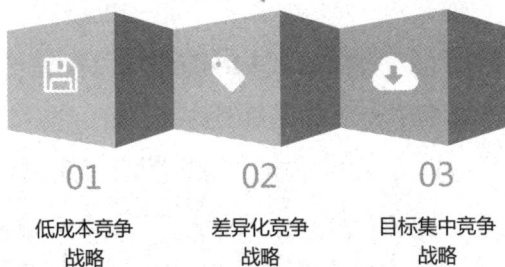

01	02	03
低成本竞争战略	差异化竞争战略	目标集中竞争战略

图 3.1.1 企业竞争战略分类

（1）低成本竞争战略。低成本竞争战略是指企业为获得相对竞争优势而降低生产经营成本。此战略要求企业精确预设、规划并建立适当规模的生产经营体系，进而在原材料采购和内部价值流动中取得成本优势，从而构筑独特的竞争优势。

一般而言，在企业确立低成本竞争战略后，采用此战略将显著增强其竞争优势。企业不仅能凭借低成本获得相对较高的利润，而且能够有效抵御竞争者的降价压力，同时不受供应商意外议价行为的影响。此外，低成本竞争战略无形中抬高了新竞争者的市场准入门槛，使得潜在竞争者在考虑进入市场时，必须审慎权衡。

诚然，采取低成本竞争战略亦可能伴随风险。例如，企业若过分专注于降低成本，可能会忽略技术研究与开发，从而导致客户满意度降低，甚至可能引发长期成本的上升。

（2）差异化竞争战略。企业实施差异化竞争战略，旨在提供在质量、功能、档次、外形及定位上具备显著特色的产品。企业可通过持续运用此战略，与竞争者在市场和利润份额上展开竞争。当企业能够确保产品特色并将其有效转化为客户优势时，企业将获得持续且稳定的收益。

实施差异化竞争战略的企业，能够有效避免与竞争者及新进入者的直接竞争，进而确保自身战略的独立性和灵活性。特别是在产品定价方面，相较于普通竞争者，这类企业拥有更大的调整空间，能够基于客户的接受程度，为不同产品制定差异化的价格。

然而，差异化竞争战略同样伴随一定的风险。例如，推出差异化产品可能导致成本波动，进而推高产品价格，导致客户满意度降低。此外，竞争者也可能对企业的特色进行模仿，从而削弱企业战略的独特性。

（3）目标集中竞争战略。目标集中竞争战略源于企业资源拓展空间的限制，这导致企业难以通过成本领先或差异化竞争战略全面获得竞争优势。因此，企业选择对市场进行精准细分，并集中力量以抢占某一特定客户群体或市场领域。

实施目标集中竞争战略，要求企业对市场内的各类因素进行准确且深入的垂直细分。例如，企业可赋予部分客户特定标签，将资源和精力投入这部分客户所代表的细分市场，以获得长期稳定的收益。由于目标集中竞争战略专注于细分市场，其成本相对较低，且能更有效地满足目标客户的需求，从而能帮企业构建综合竞争优势。

采用此战略，企业需精准识别并锁定目标市场及客户，确保其需求与市场整体存在显著差异。在多数普通行业中，存在大量尚未得到满足的细分客户需求。

目标集中竞争战略成功的关键在于发现这些需求，并针对性地提供产品或服务。

不论采取何种竞争战略，企业的核心目的均在于通过满足市场需求来增强自身的竞争力和凝聚力。

3.1.2　企业供应链战略定位分析

在执行竞争战略的过程中，企业内部所有职能部门需各司其职，致力于优化与竞争战略紧密相关的流程工作。其中，供应链战略的定位尤为重要，它不仅涉及原材料的获取、流动及产品的制造，更明确了企业内各部门、岗位及员工在竞争战略实施过程中的具体职责。

为确保供应链战略与竞争战略高度契合，形成共同的目标导向，从而有效支撑竞争战略并满足客户的最终需求，企业需精心完成供应链战略定位。通过供应链战略精准定位，企业能够清晰地构建供应链结构，并为库存、运输、运营及信息传递等各个环节制定具体的策略。这一过程要求供应链内部各阶段的功能相协调，以下为相关要点的明确阐述。

1. 理解客户的需要

企业应精准洞察每个目标客户的实际需求，以确立他们对产品及其内涵的明确期望，包括客户期望的产品功能、所需产品数量、可接受的等待时间，以及期望的价格区间等。

同时，企业还需认识到客户需求的潜在不确定性。通过精心规划供应链战略，企业可以有效降低这种不确定性对竞争战略可能产生的消极影响，并充分考量供应链的独特优势。

某企业新推出的笔记本电脑，因其卓越性能而备受瞩目，同时也对新型芯片产生了需求。在这一背景下，企业所面临的需求不确定性及相应的供应链不确定性均显著增强。这种不确定性虽然为企业赢得竞争优势提供了契机，但同时也增加了其面临的风险和挑战。

2. 评估供应链的效能

供应链的效能不仅受到企业自身管理水平的影响，也与行业上下游的环境紧密相关。对供应链效能的评估，主要涵盖响应能力和效率水平两个维度。

（1）供应链的响应能力，指的是其应对各类任务的能力，这包括适应需求的剧烈波动、满足产品更新换代的竞争需求及应对不确定因素的能力。供应链在上述方面的能力越强，其响应能力相应越强，但同时相关成本可能会越高。

（2）供应链的效率水平，主要指其满足客户最终需求的能力。效率水平受响应能力的影响，并与成本紧密相关。响应能力越强，效率水平通常越高。

在供应链运营中，过度聚焦于响应能力可能导致战略成本的非必要增加。反之，若企业片面追求效率水平提升与成本节约，则可能牺牲及时响应的能力，进而造成长期竞争力的削弱。因此，在进行供应链战略定位分析时，企业应秉持综合平衡的原则，审慎设定响应能力与效率水平标准，以确保其对竞争战略的有效支撑。

3. 匹配竞争战略

供应链战略定位分析旨在确保供应链具备较强的响应能力，降低不确定性，并实现高效。企业应基于竞争战略，使供应链战略与之实现匹配。企业需针对供应链中各环节设立相应的部门与岗位，以控制各种因素，确保长期实现响应能力与效率水平的均衡。

在制定供应链战略时，企业需特别关注以下因素。

（1）客户群体多样化。企业在运营过程中，鉴于产品品类的多样性及客户群体的差异性，多数企业均采取将不同产品品类分别销售给具备不同特征的客户群体的策略。随着产品与客户群体规模的逐步扩大，以及品类的不断增加，为确保供应链战略的高效实施，实现供应链战略与企业运营需求的完美契合，企业应精心策划更为科学、清晰的组合策略，使其涵盖产品、客户群体及相应的供应来源和内部流程。

（2）产品生命周期。为确保战略定位的精准性，企业在产品生命周期的各个阶段均需积极调整供应链战略以适应市场变化。

在产品生命周期的初始阶段，鉴于客户需求特征尚未明确，企业应首先确保产品的稳定性，此时成本并非首要考量因素。然而，随着产品逐渐成熟，进入生命周期的后期，需求趋向稳定，竞品不断涌现，客户对价格的敏感度提高。此时，企业应深入分析供应链特征，并据此调整战略，确保在成本控制与效率提升之间取得平衡。

（3）竞争环境变化。在日益变化的竞争环境中，企业必须认识到市场并非静止不变，而是随着时间推移呈现动态演进的态势。为了有效适应这种变化，企业需要积极主动地制定与当前竞争环境相匹配的新竞争战略。同时，企业还需对供应链战略进行重新分析和定位，以确保其与新竞争战略的有效对接和协同作用。

3.2 企业竞争优势构建

企业的竞争优势与其所开展的各类经营活动紧密相关。具体而言，企业正是通过精心策划并执行研发、生产、营销等关键环节的相关活动，从而在战略目标的达成上，相较于竞争者有更为卓越的表现。

3.2.1 企业竞争优势分析策略

企业的竞争优势显著地体现在其占据的有利市场地位、持有的丰富资源，以及展现出的卓越经营效能上，这些要素共同促使其在较长的时间跨度内相对于竞争者保持领先地位。

在分析企业竞争优势时，关键在于深入剖析竞争优势的主要来源，并对企业开展源自以供应链为代表的价值活动本身及其内外部联系进行有针对性的重点分析。

1. 分析价值活动本身

价值活动是构建企业竞争优势的核心基石。企业所开展的多样化价值活动贯穿供应链的各个环节，对于提升企业盈利能力具有至关重要的作用。

在具体的分析过程中，企业领导者应当首先审视哪些管理行为对支持企业获取竞争优势起到了关键作用，进而巩固这一管理行为，以促进企业的发展。此外，鉴于价值活动主要聚焦于供应链，企业亦可将自身供应链的特性与其他企业的供应链进行对比分析，从而发掘潜在的竞争优势。

2. 分析内部联系

在探讨竞争优势时，深入剖析供应链的内部联系至关重要。供应链并非一系列独立活动的简单组合，而是由一个个相互依存的活动构成的复杂系统。从供应链内部的基本活动到辅助活动，以及它们之间的相互作用，都蕴含着各种联系。因此，企业应当审慎地分析这些联系所涉及的成本、效率及收益，以发掘潜在的竞争优势。

例如，符合供应链战略特性的研发过程、针对客户需求定制的材料规格等，它们虽然从表面来看可能并未直接减少成本，但却能有效地减少供应链整体服务资源的消耗，从而实现总成本的下降，并为企业带来显著的整体竞争优势。

3. 分析外部联系

供应链要素间的联系不仅局限于企业内部，而是扩展至企业与供应商、供应渠道以及客户之间的紧密互动。供应商的产品或服务、渠道的流通价值及客户的购买意愿，均深刻影响着企业供应链的成本结构和收益表现，进而对企业的竞争优势产生显著影响。例如，供应商提供的产品或服务质量、渠道的流通效率及客户对于产品价值的认可等，都是影响供应链效能的关键因素。

因此，企业需对价值活动的本质及自身内外部联系予以高度重视。通过深入分析和有策略地利用这些联系，企业能够构建独特的成本优势或实施差异化竞争战略，从而确保竞争优势。

3.2.2 企业竞争优势构建的具体方法

成功的供应链战略，必须依托于企业对自身竞争优势深入且准确地剖析。明确竞争优势，不仅是识别当前问题、制定有效对策的先决条件，更是企业持续发展的基石。因此，企业应当积极寻求科学、系统的方法，以全面分析并明确自身的竞争优势。

1. 强化关键因素

企业应着重强化成功的关键因素，对从研发、原料采购、生产、销售到售后服务的全链条进行深入细致的调查与分析。特别需要针对当前业务中难以获取的稀缺资源、难以自然形成的核心功能、难以有效控制的生产和经营流程，以及对经营效率产生显著影响却难以轻易改变的工艺流程进行重点剖析。企业应通过对比成功与失败案例，深入剖析其中的关键因素，并结合自身的战略特点，对战略进行针对性优化与完善。

企业领导者应清晰辨识影响因素的主次关系，明确区分关键与非关键因素，从而精准把握供应链优化创新的重点，构建更具竞争力的长期优势。

2. 强化差异性

企业间之所以出现差异，核心原因在于客户对产品的需求多元化。当企业遭遇实力强劲的竞争者时，单纯的模仿和追赶策略难以奏效。相反，企业应当注重利用差异性，在竞争者尚未占据优势的供应链环节或层面提前布局，从而构建并巩固自身的竞争优势。

为实现这一目标，企业首先需要将自身与竞争者进行全面、深入的比较，特别关注与供应链、产品经营相关的关键环节；接着，分析竞争者在供应链上的重点投入方向和领域，进而识别出竞争者尚未充分投入的领域。在此基础上，企业应评估在这些领域强化差异性的成本效益，计算潜在收益，并最终确定一系列措施，从而确保自身在激烈的市场竞争中保持领先地位。

3. 构建新的供应链运营规则

供应链运营规则用于规范供应链运作的具体内容及方式。企业在当前行业的竞争格局中处于不利地位时，应审慎考虑构建全新的供应链运营规则，以打破既有格局。

鉴于企业的经营活动与竞争格局均处于动态演进之中，供应链中的关键要素亦非固定不变，因此，一旦战略目标有所调整，企业就应及时辨识并利用供应链运营规则，通过资源投入的新方式、新内容，确保在竞争中占据优势地位。

4. 发挥竞争战略的优势

在现实情境中，不同企业根据其独特的经营理念和市场环境，会采取相应的竞争战略。无论这些竞争战略在理论上如何阐述和构建，其展现出的优势均可归结为 4 种。竞争战略的优势及代表企业如表 3.2.1 所示。

表 3.2.1 竞争战略的优势及代表企业

竞争战略的优势	代表企业
技术创新	苹果
客户体验	IMAX 公司、奔驰
产品质量	雷克萨斯
成本领先	小米

长期以来，多数国内中小企业倾向于采取成本优先的竞争战略。然而，随着社会的持续进步和经济发展模式的深刻变革，越来越多的企业逐渐认识到多元竞争优势的关键性。

企业唯有深入洞察竞争战略的优势所在，方能全面考量战略实施之道，集中所有资源，以争取尽可能大的市场份额。

3.3 外部宏观分析工具

在构建竞争战略与供应链战略的过程中，企业的核心出发点与落脚点均为满足客户需求。

深刻认识、精准了解及合理评价客户需求这一过程受到宏观因素的显著影响，因而企业需借助外部宏观分析工具进行系统性分析。

3.3.1 PEST

客户需求与外部环境的关联至关重要，为深入理解客户的个性化需求，必须首先进行精确的外部环境分析。PEST 作为一种关键的分析工具，在评估企业外部环境方面发挥着重要作用。

PEST 代表企业外部环境分析中的 4 个关键因素，它们分别是政治（Political）环境、经济（Economic）环境、社会（Social）环境和技术（Technological）环境。PEST 内容示意图如图 3.3.1 所示。

P
政治环境

E
经济环境

S
社会环境

T
技术环境

图 3.3.1　PEST 内容示意图

PEST 并非一种纯粹的技术性工具，而是一个综合性的评估框架。在实际应用中，企业需要根据所处的具体环境，对其中的指标进行具体化应用。

1. 政治环境

市场作为社会的重要组成部分，其运行始终受到政治与经济环境的共同影响，而经济形势的波动往往受到政治环境的显著影响。

在国际舞台上，执政党的更替、领导层的更迭及地缘政治的变动，都能直接作用于市场形势，并可能深刻影响特定行业的走向和企业市值。

在国内环境中，政策性变化，特别是法律法规的更新，对客户需求的影响尤为显著，这些影响往往具有即时性和直接性。无论是环保法律法规的推行，还是个人所得税法的修订，以及各类与产业相关的补贴、关税、限购、贸易等方面的政策的调整，都会对市场产生深远影响。

这些变化通过多种渠道影响客户，进而对他们的需求产生显著影响。这些影响可能是积极的、正面的，也可能是消极的、负面的。因此，企业在制定和执行竞争战略时，必须对政治环境因素进行深入的调研和评估。

例如，从事海外贸易的企业必须清晰了解目标国家或地区的政治稳定性、目标国家或地区与我国的外交关系、目标国家或地区政府对本土企业的保护措施及其对我国企业的态度。同样，国内市场中的企业也应积极关注法律法规对客户当前及未来需求的影响，以避免因忽视政策变化而陷入困境。

2. 经济环境

经济环境因素直接作用于客户和企业所处的微观环境。企业能够借助多种指标对经济环境的质量进行细致的分析，这些指标主要分为宏观经济指标和微观经济指标两大类。宏观经济指标涵盖经济景气指数、通货膨胀率、国内生产总值、生产者价格指数、采购经理人指数、证券市场指数等；微观经济指标则包括货币供应量、贷款状况、利率、汇率、税收政策等相关的经济指标。

在经济环境的诸多因素中，市场价格对客户的影响尤为显著。这包括工业产品、大宗商品、不动产及消费品的价格。若企业无法准确且及时地掌握市场价格动态，并据此精确预测客户需求的变动趋势，将可能导致其整体竞争战略的偏差。

3. 社会环境

社会环境对于客户需求具有直接且不容忽视的影响。作为市场参与者，客户的需求深受其所处社会环境的深刻影响。

社会环境可细分为两大方面：主观环境与客观环境。主观环境的影响主要指的是社会文化氛围对个人和组织心理所产生的深远影响；而客观环境的影响则是指社会物质条件发展对个体产生的直接作用。

主观环境涉及客户所处社会环境的多个维度，包括历史背景、人文特征、文化传统、价值追求、教育水平、民风民俗及人口结构等。客户需求深受这些因素的影响。

以水杯为例，不同年代的客户群体展现出截然不同的偏好。"70后"注重实用性，关注水杯的保温性能和容积；"80后"在追求实用性的同时，看重水杯材质的健康与环保；"90后"则更关注水杯的适用场景；而"00后"不仅要求水杯适合不同场景，还期望实现个性化定制，以彰显生活态度和时尚追求。

这些差异并非单纯源于个体差异，而是社会经济发展、人口结构变化、信息传播及文化氛围变迁等多重因素共同作用的结果。企业需深入理解这些因素如何影响客户需求，进而制定有针对性的经营策略，打造与客户需求变化相契合的产品或服务。企业只有精准把握客户需求与主观环境因素之间的关联，方能顺应社会变迁，否则将面临战略方向迷失、被时代淘汰的风险。

客观环境则涉及客户和企业所处的自然生态、城市规划、交通网络、资源分布以及经济发展水平等多个方面。这些因素不仅决定了客户对产品品质的要求，也在很大程度上影响了他们对产品价格的期望和消费频率。

企业唯有清晰认识到主客观环境的差异，才能精准分析不同客户群体的具体需求。

4. 技术环境

技术环境对客户需求中更为具体和细致的部分具有直接影响。科学技术不仅被视为第一生产力，实际上，它也是推动消费增长的核心动力。

在当今社会，许多消费需求已超越基本的生活与安全保障范畴，转而集中于学习、社交、娱乐、休闲等更高层次。为迎合这一趋势，企业必须积极调配研发资源，致力于设计、维护和更新相应的产品或服务。只有当客户真切感受到企业新技术给他们带来的价值，他们的需求才会变得明确且稳定。同样，企业唯有深入洞察这些需求的特征，才能有效利用新技术为客户创造实际价值。

从宏观层面来看，企业竞争战略的有效实施，关键在于其精准把握客户对技术附加值的需求，并预见这些需求的未来发展趋势。然而，即便企业能够全面理解这些需求，若技术水平相对落后，那么在产品生产、配套、检测等环节的实施过程中，其也会面临诸多挑战。而那些能够融入高科技环境的企业，不仅能深刻理解客户的技术需求，还能确保竞争战略目标的顺利实现，使自身始终处于健康、稳定的发展轨道。

3.3.2 SWOT 分析矩阵

广阔的市场如同一个生机勃勃的生态系统，存在着各式各样的需求。企业领导者必须对各种需求进行深入细致的分析，明确本企业应当服务于何种需求，同时亦需探究何种需求将会向本企业汇聚。在这一过程中，SWOT 分析矩阵被视作一种关键的客户需求分析工具，具有重要的应用价值。

在 SWOT 分析矩阵中，S 代表优势（Strengths），W 代表劣势（Weaknesses），

O 代表机会（Opportunities），T 则代表威胁（Threats）。SWOT 分析矩阵是一种至关重要的综合评估工具。通过运用此工具，企业能够深入剖析自身和客户的优势、劣势，以及自身和客观面临的机会与威胁，并据此得出明确的结论。此过程有助于企业准确把握双方所处的环境态势，并据此调整竞争战略，以确保目标的达成。

SWOT 分析矩阵如图 3.3.2 所示。

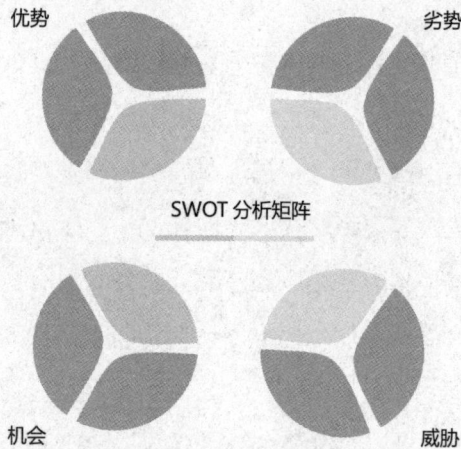

图 3.3.2 SWOT 分析矩阵

SWOT 分析矩阵常用于对企业内部与外部环境进行综合评估，以便企业制定竞争战略。然而，人们往往未充分认识到，SWOT 分析矩阵亦可用于对客户需求的深入剖析。客户购买产品或服务，是为了满足个人需求、促进个人发展，若企业能够精准满足这些需求，将有助于提升其市场竞争力。

1. 优势

优势是指企业能够满足客户期望实现的价值所具备的能力，通俗来说就是企业区别于其他企业的长处。这种优势对于客户达成学习、生活、工作等方面的多重目标至关重要。

因此，企业的竞争优势体现为满足客户的明确需求，提供尽可能多的价值。

2. 劣势

与优势相对，劣势主要指客户当前明显缺乏的资源、显著存在的问题，或导致客户处于不利境地的特定属性。

对劣势进行深入分析时，企业应当基于实际状况进行客观评估，而非仅从产品视角出发。举例来说，一家汽车制造厂商不宜简单地将选择步行上班的人群归类为交通劣势群体，因为其中许多人可能将步行作为锻炼方式，或他们的工作对上班时间要求并不严格。因此，劣势应反映为客户切实感受到的自身短板。

企业在开展优势与劣势分析时，务必以客户所处的价值链为核心，将目标客户与其他客户进行详尽的对比，这包括价格满意度、产品功能使用情况、品牌忠诚度、信息分享意愿等维度的对比，从而全面把握优势与劣势。

3. 机会

企业向客户提供的优势因素，将有助于增加客户未来的竞争机会，而非仅能增强客户当前的竞争优势。例如，客户通过使用产品，能够建立良好的社交关系、获得上司的认可、享受和谐的家庭生活、体验愉悦的感受等。企业领导者应认真评估客户从企业获得的各种机会，并挑选与企业现有资源紧密相关的要素作为满足客户需求的重点，从而指导企业制定更有效的竞争战略。

4. 威胁

客户使用产品后，若自身发展受到不利影响，则会给企业带来一系列严峻的挑战。倘若企业未能针对潜在威胁采取及时且恰当的行动，这些威胁将逐渐累积，对客户产生显著的负面影响，进而可能导致客户流失。

客户在选择并购买产品的过程中，往往会遇到一些潜在因素，这些因素可能对其生活体验、自我成长及社交互动等方面构成威胁。因此，企业在识别产品价值的同时，必须精准地识别并应对这些因素，将消除这些因素的影响视为客户需求的重要组成部分，以确保客户的满意度和忠诚度。

3.3.3 波特五力模型

哈佛大学商学院的杰出学者迈克尔·波特于 20 世纪 80 年代提出了著名的波特五力模型。该模型在随后的岁月中，经过全球不同国家和地区企业经营实践的检验，对企业外部环境方面产生了深刻的影响。

波特五力模型的核心理念在于，企业若要制定切实可行的竞争战略，必须积极审视并准确应对外部环境中的 5 种主要力量。企业若能尽早与这 5 种力量达到平衡，其竞争战略成功实施的概率将大大提高。这 5 种力量具体包括现有竞争者的力量、未来竞争者的力量、替代者的力量、供应商的议价能力及客户的议价能力。

波特五力模型如图 3.3.3 所示。

图 3.3.3 波特五力模型

企业唯有有效应对前述 5 种力量，方能在深入分析市场需求的基础上，取得战略层面的卓越成就。

1. 现有竞争者的力量

在多数成熟且市场化的行业中，竞争格局往往呈现出一种典型的结构，即少数几家具有显著影响力的企业构成头部竞争阵营，其余众多竞争者则紧随其后。一般而言，头部竞争阵营中的企业数量上限为 3 家，且其中规模最大的企业所占据的市场份额通常不会超过较小规模企业的 4 倍。理解了这一行业规律，我们能够更精准地把握客户对行业格局的认知，明确企业及竞争者定位等关键要素。

现有竞争者的力量对客户关于整个行业的评价具有显著影响，这些评价涉及价格、产品质量、营销策略及售后服务等多个方面。企业若处于头部竞争阵营之外，将面临数量更多的竞争者，且在此情境下，客户对于价格因素的敏感度往往会显著提升。

2. 未来竞争者的力量

在未来的市场竞争中，许多潜在的竞争者对于客户和市场而言尚属未知。尤其在那些受政策变动影响较大的行业，新竞争者可能在极短的时间内大量涌现。这些竞争者旨在从现有的市场中分一杯羹，因而不可避免地将在多个领域与现有企业展开角逐，这涉及对原材料、营销渠道及终端客户群体的争夺。

未来竞争者的潜在规模及其所掌握的竞争资源，将对客户对现有企业的认知产生重大影响。一旦这些竞争者正式进入市场，其产品或服务的特点将在不同程度上影响并改变客户需求。以共享单车行业为例，摩拜单车与 ofo 小黄车曾一度共同主导市场，但随着共享经济理念的广泛传播，市场扩大，此行业亦受到资本市场的青睐。随后，各种共享单车品牌如雨后春笋般涌现。这些新竞争者的加入，不仅重塑了市场格局，也提升了客户对产品或服务的要求，他们开始期待更加便捷的借还流程、更舒适的骑行体验及更加经济的押金政策。为了满足这些需求，共享单车品牌之间展开了一场激烈的竞争，最终多家品牌退出市场。

在当前复杂的经济环境下，众多掌握关键资源的企业正致力于在产业链中扮演更关键的角色，并向产业链的上游和下游拓展。对于大型企业而言，这种战略调整不过是微小的一步，然而对于那些在行业中原本稳定发展的中小企业来说，这可能预示着严峻的挑战。

另外，一些原本在行业第二梯队并不显眼的企业，可能因把握住了机遇，利用政策变动或借助资本的力量，迅速攀升至行业领导地位。它们通过推出新的产品类别或采取新的营销策略，占据那些头部企业曾经忽视的细分市场。这类新兴的竞争者同样会促使客户需求发生转变。例如，拼多多凭借其独特的移动社交电商模式，通过不断推广其"砍价"活动，成功地改变了客户的需求，并对淘宝、京东等传统电商巨头的市场地位构成了挑战。

3. 替代者的力量

替代者能够高效满足现有企业无法满足的客户需求。例如，互联网餐饮外卖虽然并不会取代传统的预包装快餐食品，但其快速便捷的特性一度对后者构成了显著的市场压力。

替代者的力量主要通过以下两个方面对客户需求产生影响。

首先，替代者产品的价格和盈利能力将直接影响客户对现有产品价格变动的敏感度。当客户发现餐饮外卖具备更高的性价比时，他们可能会减少对方便面等传统速食产品的购买。

其次，替代者产品的市场介入将引发客户对现有产品质量和体验的新一轮审视，这可能导致客户对现有产品的不满和需求的升级。这种变化最终将推动整体市场需求的演变。

因此，企业必须对替代者保持高度的警觉和预见性，深入分析其可能通过何种方式吸引并转化行业内的客户，进而改变市场格局（这并不意味着替代者必须直接进入该行业）。企业应当认识到，替代者的出现可能悄无声息，也可能声势浩大。替代既可能是产品的迭代更新，也可能是新技术对旧技术的全面取代，抑或是材料、功能或附加价值的优化和替代。因此，企业必须对自身提供的产品或服务进行深入的研究，识别出最易被替代的因素，并提前制定应对策略，通过持续的创新和更新来满足因替代者而变化的客户需求。

4. 供应商的议价能力

在商业合作中，大多数供应商扮演着乙方的角色，通常处于相对弱势的地位，因此他们的议价能力相对较弱。然而，也存在少数拥有竞争优势的供应商，他们拥有较强的议价能力。这些供应商能够利用自身在技术、专利和资源等方面的优势，在行业内制定有利于自己的交易规则，并确保这些规则得到推广和维护。面对这样的供应商，企业必须学会合理地分解和运用其议价能力，将产品所具有的独特优势迅速传达给客户，以证明产品的性能，证明物超所值，确保客户需求得到充分的满足。

5. 客户的议价能力

在竞争激烈的行业中，客户通常处于优势地位。这主要是因为客户具备自主选择的能力，他们习惯于对多家企业进行比较，并寻求进一步的价格谈判。企业应当清醒地认识到，若其产品功能和价格未能全面满足客户的期望，客户的议价能力将不断增强，直至达到足以促使他们转向其他企业的程度。因此，在分析客户需求时，企业应充分考虑客户的议价能力。

总体而言，波特五力模型的核心价值在于，它指导企业投入足够的时间和精力，将自身所面临的危机与客户需求紧密结合，以使二者达到平衡。否则，企业将面临既无法准确理解客户需求，又难以察觉自身潜在危机的困境。

3.3.4 竞争市场分析

从自然界到人类社会，竞争均贯穿其中，普遍且不可或缺。竞争不仅有利于强者生存与发展，更能推动整个系统的持续优化和进步，为后来者提供更广阔的舞台。在市场经济的背景下，企业需对市场进行深入而精准的分析，结合自身的实际情况，制定并执行与之相匹配的竞争战略。

分析竞争市场时，企业应主要考量以下两点。

1. 行业竞争模式

市场一词，特指那些共同持有特定需求的客户群体；而能够以相应的产品或服务来满足这些需求的企业集合，则被称为行业。行业竞争模式可细分为完全竞争、集中竞争及垄断竞争 3 种。

（1）完全竞争。完全竞争又称充分竞争，主要有 5 个方面的特点。

在数量上，行业内部存在众多交易参与方，他们各自进行的交易量仅构成市场总体交易量的一小部分。

在产品上，交易双方所交换的商品或服务有同一性。

在条件上，交易双方均享有自由进入市场与行业的权利。

在信息上，交易双方对市场价格波动的相关信息有充分且全面的了解。

在要素上，生产与交易要素在不同行业间自由转移。

（2）集中竞争。集中竞争作为一种介于完全竞争与垄断竞争之间的行业竞争模式，呈现出一种不完全、不纯粹的竞争状态。在此行业竞争模式中，虽然存在垄断倾向，但仍保持着一定的竞争成分。行业内企业数量众多，且以中小型企业为主，企业间的产品功能相近但质量有所差异，这给予客户更大的选择空间。因此，企业间的竞争不局限于价格层面，还涉及质量、营销、品牌和售后等多个方面。即便是大型企业，也难以单凭自身行为影响众多中小型企业的经营策略。

（3）垄断竞争。这是在市场竞争加剧，市场份额逐渐被少数几家企业占据后形成的行业竞争模式。这一模式既体现了竞争带来的垄断趋势，也反映了垄断主导下的竞争态势。在特定市场内，少数大型企业占据了大部分市场份额，其经营行为能够直接影响其他企业。大型企业间的相互影响更为显著，这些企业往往需要根据对手的竞争战略调整自身的竞争战略。

根据形式，垄断竞争可分为完全垄断竞争和不完全垄断竞争两种类型。完全垄断竞争模式下，不同头部企业产品功能相同、质量水平相近，这导致行业内同一产品价格相对稳定，但头部企业在营销渠道、售后服务等方面仍存在激烈竞争。不完全垄断竞争模式下，不同头部企业的产品各有优劣，甚至功能各异，这些产品无法相互替代，因此它又被称为差异性垄断竞争。

2. 竞争者

在当今竞争激烈的市场环境下，企业必须依据客户需求来制定战略、配置资源及规划供应链。鉴于客户同时也会考虑其他企业的产品或服务，因此，企业必须对竞争者进行全面的分析。

通过有效的分析，企业能够规避那些实力雄厚的竞争者的锋芒，甚至有可能与他们建立互相支持和协作的联盟关系，紧密合作，共同对较弱的竞争者发起攻势，从而获取市场份额，实现战略目标。

对竞争者的分析，需遵循以下步骤。

（1）辨识竞争者。唯有先辨识出竞争者，方能对其展开分析。在众多同行企业中，究竟哪些是真正的竞争者，需要企业领导者深思熟虑。准确辨识出竞争者将促进企业的发展。例如，百事可乐自创立之初便以可口可乐为标杆，让消费者形成了两种产品是竞争关系的认知，从而奠定了其在市场中的地位。

在辨识竞争者的过程中，企业可依据产品间的相关性，将竞争者划分为 4 种类型。

竞争者的 4 种类型如图 3.3.4 所示。

1	品牌竞争者
2	行业竞争者
3	形式竞争者
4	一般竞争者

图 3.3.4　竞争者的 4 种类型

①品牌竞争者。在市场竞争中，当某一竞争者以接近或相同的定价策略，针对特定企业的目标客户群体提供具有相同功能和质量的产品时，我们将其定义为品牌竞争者。以智能手机市场为例，华为与苹果、荣耀与 OPPO 之间的市场竞争关系，明确反映了品牌竞争者的存在。然而，就品牌竞争者的界定而言，荣耀与苹果之间并不构成此类直接竞争关系。

②行业竞争者。在考量企业所处的行业环境时，若该行业中存在多家生产同类产品的企业，这些企业即应被视为行业竞争者。例如，任一汽车生产企业在进行市场分析与竞争者评估时，均应将其他汽车生产企业纳入行业竞争者的范畴。

③形式竞争者。在企业运营过程中，行业内外的所有能够提供相似产品或服务的企业为形式竞争者。举例来说，对于汽车生产企业而言，摩托车和电动车的生产企业，以及共享交通工具经营企业，均可被纳入形式竞争者的范畴。

④一般竞争者。企业亦可拓宽视野，将所有争取同一客户群体的企业视作竞争者，这些企业就是一般竞争者。例如，短视频平台抖音的一般竞争者，不仅限于同为短视频平台的快手，还涵盖诸多互联网内容及社交应用程序，如微博、微

信、豆瓣等，甚至包括与抖音同属一家企业的图文平台今日头条。其根本原因在于，这些平台所争取的客户群体是一致的。

（2）在明确了竞争者的身份之后，企业应严谨地分析这些竞争者的当前目标及未来规划，这是深入理解竞争态势的关键环节。

具体而言，企业需细致剖析竞争者是致力于实现利润最大化，还是寻求市场占有率的进一步提升。此类分析对于企业明确自身定位、调整竞争战略具有举足轻重的作用。此外，企业还需对竞争者的战略目标进行深入研究，以预测其为实现这些目标可能采取的行动，从而为自身的战略决策提供有力支持。

（3）了解竞争者的战略。在不同的竞争环境中，各个竞争者所采取的战略存在显著差异。然而，随着市场竞争的加剧，企业间战略的相似性亦会逐渐增强。一般而言，若某一行业内的企业在目标客户、产品功能、服务内容、价格定位等方面展现出高度的相似性或一致性，这些企业即可被视为同一战略群体。

为深入了解竞争者的战略动向，企业首先需要明确其所处的战略群体，并深入剖析该群体的核心特征和战略模式。例如，考察竞争者的经营范围是否广泛，生产成本的高低，以及价格定位是偏向高端、中端还是低端市场等。这些要素将直接影响整个战略群体的经营挑战，同时影响竞争者所选择的竞争战略，进而对企业自身的战略选择产生深远影响。

（4）了解竞争者的优势和劣势。企业为明确自身的竞争地位，可采用对竞争者进行细致评估的策略。此策略的核心手段在于系统地收集并分析竞争者的公开经营数据，如销售量、市场份额、利润率、现金流量及供应链效率水平等多维度指标。通过此种方式，企业能够更全面地把握竞争者的优势与劣势，从而为自身战略的制定与调整提供更为可靠、理性的决策依据。

（5）了解竞争者的应对风格。鉴于市场环境的复杂性和多变性，不同竞争者所采取的应对风格各异，这些风格在很大程度上决定了其经营表现。因此，为在市场竞争中保持优势，企业应对竞争者的应对风格进行深入的分析和了解。

常见的竞争者应对风格，主要有以下 4 种。

①稳健型。此类竞争者对市场变化的应对显得较为迟缓，其行动倾向于保

守。此现象的主要成因可能是竞争者对客户忠诚度过度信赖，或是其规模庞大，导致其对其他企业的关注不足，抑或是缺乏必要的资源来应对市场变化。企业在分析此类竞争者时，应致力于深入探究其稳健表现背后的根本原因。

②重点型。此类竞争者仅对自身重视的市场变化进行积极应对。例如，一旦市场出现价格战，他们会迅速采取行动进行应对；然而对于增加广告预算、提升供应链效率等举措，他们则选择不予关注。在这类竞争者眼中，唯有特定的市场变化才会对其构成威胁，因此其采取了有选择性的应对策略。

③敏感型。此类竞争者对市场上的多数变化均会做出相应的反应。其他企业无论是扩展产品线，还是调整营销策略，此类竞争者通常都会认为自己面临挑战并迅速反击。这类竞争者往往具备强大的实力，导致同行业的其他企业倾向于避免与之直接对抗。

④随机型。此类竞争者的应对风格缺乏规律性，通常取决于企业领导者个人的观点。面对相同的市场变化，这类竞争者在某些情况下会选择做出回应，而在其他情况下则可能不做应对。

企业准确识别其竞争者的应对风格后，便能够采取积极且切实可行的策略。

3.3.5　品类分析

市场的演进促使产品逐渐分化，进而在行业内形成不同类别。企业通过深入分析品类并精心打造产品，能在竞争环境中迅速占据优势地位，引导客户购买，进而在市场发展中掌握话语权。

品类分析作为品类创新的基础，其重要性不言而喻。品类创新可视为企业基于竞争战略主动进行的拓展，品类分析则是进行这种拓展前必要的准备工作。品类创新的必要性源于行业内原有品类的成熟，使得客户的新需求难以得到充分满足。事实上，当行业内部的品类趋于稳定成熟时，若缺乏有效创新，多数企业将难以逆转颓势，其包括供应链战略在内的竞争战略将趋于同质化。然而，社会对品类创新的重视和期待，促使企业通过品类分析找到创新的正确方向，确保竞争战略的高效有序实施。

因此，不仅新进入市场的竞争者经常通过品类分析开辟新的细分品类以开拓市场，原有的大型企业也会依托品类分析后的有效创新来应对竞争者的追赶，从而维持其市场优势地位。

品类分析包括以下内容。

（1）功能分析。在竞争激烈的市场环境下，某一大类产品信息在交易双方的互动与交流中得以广泛传播，促使客户群体基于产品的具体利益点和功能点对产品进行区分，更精细的细分品类便由此形成，而传统的品类则随之得到升级和优化。

曾经，个人电脑作为一个广义的产品类别，在 20 世纪初，人们提及购买个人电脑时，普遍指的是台式电脑。客户根据个人的预算和需求，选择相应的产品。然而，随着市场的演变和客户需求的多样化，个人电脑迅速分化为台式电脑和笔记本电脑两大主要品类。随后，这两大品类又分别进一步细化为商务型电脑、游戏型电脑、学生型电脑、影音型电脑等更为具体的细分品类。甚至在游戏型电脑中，还出现了如"吃鸡"型电脑等更为专业的细分品类。

在市场竞争日趋激烈的情况下，品类的分化现象愈发明显。此时，企业需根据产品所具备的具体功能特性，深入剖析各品类之间的差异，并准确把握这些差异背后的市场需求来源。通过这一过程，企业可以更加精准地定位与自身资源最匹配的品类，从而制定更有效的竞争战略。

（2）客户分析。在一定程度上，客户塑造了品类，而非品类塑造了客户。客户对自身的认知决定了其个性化需求的形成，进而促使新的品类出现。因此，企业在分析品类时，必须深入研究客户特征，并以此为基点，将客户特征作为品类特征的关键要素，以指导品类战略的有效改进。

在进行品类分析时，企业不应仅限于评估自身的市场份额，而应致力于增强自身的行业竞争力。企业对特定客户群体的深入研究，实际上是对不同属性标签下的特定内容的细致审视，以此回顾这些客户如何影响品类的发展，以及他们如何促进品类定位的明确和市场的拓展。

快克作为感冒药领域内的知名企业，基于对客户标签的深入分析，洞察到其产品线可进一步针对不同年龄层进行细分，特别是分为成年人与未成年人两个层面。经过对未成年人需求的细致研究，快克成功开发出专为该群体设计的新产品，并依据其独特的产品特性进行了精准定位。随后，快克围绕这一产品制定并实施了一系列竞争策略，最终在市场营销上获得了成功。

（3）场景分析。在探讨客户与品类之间的联系时，企业必须强调场景的重要性。一旦客户对品类的基本属性、功能及效用有了充分的理解，他们便会在不同的场景中积极运用这些品类。因此，正是客户在不同场景下对品类的多样化应用，使得场景本身成为品类特征的重要来源。对于企业而言，在深入了解品类时，对场景的分析是不可或缺的。

在场景分析的过程中，企业应聚焦于"人""产品""时空"三者之间的紧密关系。这具体意味着，企业需要深入研究客户在何时、何地，以及与何人共同体验和使用产品。通过精准把握不同场景间的差异与联系，企业可以有效地调整其竞争战略，进而帮助客户明确其需求，扩大产品的使用场景，增加客户的消费频次，并最终赢得更大的市场份额。

因此，在分析市场和客户需求时，企业必须保持高度的清醒和警觉。企业应积极关注市场中品类的新变化，并针对其功能、目标客户群体及使用场景进行深入的分析，以做出及时且必要的战略调整。

3.4 OTEP 战略调色盘

当船舶缺乏明确的航向时，无论海上风向如何，对它而言均是逆风。同理，企业在未能明确自身竞争力与供应链的关系时，亦会面临相似的困境。企业必须掌握战略定位、竞争优势分析及客户需求分析的技能，进而基于对市场竞争力的深入理解，进行自我战略分析；同时着重考虑客户需求中的品类与数量要素，以便在 OTEP 战略调色盘中对其进行精准定位。

3.4.1 基于市场竞争力的战略分析

企业所采取的一切行动，最终都建立在其对市场竞争力的深入理解之上。因此，企业领导者需要不断地从各个层面进行战略分析，以确保其逻辑性。通常情况下，企业基于市场竞争力的战略分析，应当聚焦于质量、技术、成本、客户等关键要素。

1. 质量要素

在客户选购产品时，产品质量是其关注的核心要素，同时亦是决定竞争战略能否在实际操作中稳定执行的关键所在。所谓产品质量，指的是产品是否能够做特定用途，是否能够满足客户的核心需求。

各类产品的质量标准不尽相同，不同细分市场的质量评估方法亦有所区别。通常情况下，质量差异较大的品类更能凸显企业的市场竞争优势。对于那些质量标准较为统一的品类，企业若试图以高质量作为自身的竞争优势，往往难以取得预期效果。即便企业确实拥有卓越的产品质量，也必须首先明确客户的实际质量需求，以及他们依据何种标准来评判产品质量。

2. 技术要素

技术是企业市场竞争力的核心构成部分。当前，众多行业内的生产与服务技术已日趋完善，但仍具备显著的突破潜力。从国际视野观察，部分中小型企业虽规模中等，却凭借掌握的高端核心技术，通过持续的技术授权，实现了稳健发展。这表明，当市场整体进入某一成熟阶段时，技术要素对企业整体战略的影响力将日益凸显。

技术要素为企业带来的优势具有多样性，主要可归纳为独家竞争优势和相对竞争优势两大类别。

（1）独家竞争优势。这种优势也叫绝对技术优势，源自企业过往的研发历程，通过研发活动，企业凭借知识资源掌握了其他企业所不具备的技术，或确立了被政府、行业认可的技术标准。企业借此优势持续获得盈利，并构建起竞争壁垒。显而易见，具备这种优势对于普通企业而言并非易事，它需要企业付出巨大努力，并且需要良好的市场机遇。当然，即便是中小规模的企业，亦可通过在某一细分领域进行深入研发来获得独家竞争优势。哪怕是在最小的领域获得独家竞争优势，也有助于提升企业的市场竞争力。

（2）相对竞争优势。相较于独家竞争优势，此类优势的获取难度相对较低，是企业可能较早具有的优势。竞争者经过一段时间的研究与开发，亦能具备类似的优势。通常而言，若企业能保持相对竞争优势超过一年，便能形成较为显著的市场优势，进而影响竞争态势。

3. 成本要素

成本要素推动的市场竞争力提升，是企业战略优势的关键来源。

影响企业战略优势的成本要素主要包括以下几种。

（1）优越的地理位置。企业若占据优越的地理位置，则能获得更持久的市场竞争优势，例如缩短运输距离、获取特殊市场资源、享受产业集群效应及优化经营流程等。此类成本要素如同天然屏障，有助于企业制定更高效的竞争战略。

（2）程序重构。这指的是企业通过优化其经营管理流程，有效降低了内部价值流转的成本。例如，重构组织架构、重新定义职位职责、实施零库存管理等措施，这一成本要素若运用得当，能助力企业获得程序上的竞争优势。

（3）独特资源。这意味着企业在市场竞争中拥有独特资源，能够以低于市场平均水平的价格购买原材料和服务等，从而形成显著的成本优势。

（4）显著的规模效应。这并非指企业当前的规模大小，而是相对于市场上的竞争者而言的。通常情况下，若企业总经营成本中的固定成本比例较高，则其规模效应更显著，竞争优势也更突出。

4. 客户要素

企业在市场竞争中的表现与客户紧密相关。所谓客户优势，是指客户对企业的产品或服务产生特别偏好，并持续进行购买而使企业形成的竞争优势。这种优势虽源自外部，但其稳定性和持久性却与企业自身的不懈努力息息相关。客户满意度是决定客户优势能否持续的关键因素。

在竞争战略中，客户忠诚度具有决定性影响。客户对企业的偏好和忠诚并非由单一广告或营销活动所激发，而是源于他们从企业产品或服务中获得的价值。影响这一价值的因素众多，如产品质量、服务便捷性等，这些因素的重要性因行业而异，也决定了客户要素在竞争战略中的重要性。

为了全面评估客户要素并据此构建科学的竞争战略，企业领导者应当关注并分析以下内容。

（1）信任。唯有当客户对企业产品或品牌真正产生信任时，企业方能获得客户优势。即便是消极性客户优势，亦需相应的信任作为支撑。

（2）感知价值。感知价值涉及客户对其所付出成本与所获收益的评估，即客户的满意度。

（3）情感价值。大部分客户优势与情感价值紧密相关，情感价值源自信任、荣誉、自豪及激情等复杂情感体验，这要求企业必须达到更高的标准。

（4）转移成本。客户从一种产品或服务转向另一种产品或服务时，必须承担相应的转移成本。转移成本愈高，企业通常能获得更大的客户优势。

3.4.2 对市场需求品类和需求量的分析

市场需求指的是在特定时间、地域及市场环境，一定数量的客户对于某一类别产品或服务所表现出的购买意愿。对于一般企业而言，时间、地域、市场环境及潜在客户群体的改变并非单凭企业自身力量就能实现，企业必须对市场需求的品类和数量进行深入分析。

因此，企业领导者在做完基于市场竞争力的战略分析之后，应当集中精力对市场需求的品类和数量进行细致的分析，以便确立 OTEP 战略模式。

1. 对市场需求品类的分析

企业对市场需求品类的分析主要通过市场供求结构分析及客户行为分析来实现。

市场供求结构分析主要涉及对产业内部买方与卖方的综合状态进行调查研究。市场供求结构类型、市场结构特征和主要竞争战略如表 3.4.1 所示。

表 3.4.1　市场供求结构类型、市场结构特征和主要竞争战略

市场供求结构类型	市场结构特征	主要竞争战略
完全竞争	参加竞争的企业数量极多，买卖关系不固定。市场上交易的产品或服务内容各有不同，市场需求品类较多	价格竞争
垄断竞争	企业数量略多，进入市场不受限制。市场上交易的产品或服务内容有所差别，市场需求品类有所减少	价格竞争、差异化经营
寡头垄断	企业数量较少，进入市场受限制。产品或服务内容略有差别，市场需求品类较少	差异化经营
完全垄断	企业数量只有一个，进入市场受到完全限制。产品独一无二，企业对价格有强大控制力	控制专利、资源和特许权等

在常规的市场环境中，普通企业通常难以涉足寡头垄断或完全垄断的市场，这实际上简化了市场供求结构分析。企业仅需明确自身所处的市场环境是倾向于完全竞争还是垄断竞争，进而据此判断市场需求品类的丰富性或稀缺性。

例如，全球汽车产业处于高度竞争状态，呈现出完全竞争的市场供求结构。若某企业置身于这一产业的价值链中，则可以判断其所面临的市场需求品类为"多"。而反观当前国内的智能手机产业，虽然华为、苹果、小米等几家企业占据主导地位，但市场相对开放。因此，若企业位于这一产业的价值链内，可以认为其面临的市场需求品类为"少"。

客户行为分析指的是对客户在满足其需求的过程中所经历的寻找、选择、购买、使用及评价等一系列活动进行系统性的研究。这一过程既涉及客户的主观判断，也涉及其客观行为。客户行为分析主要包括以下几个方面。

①客户需求分析，即探究客户所期望购买的产品及背后的原因，以及客户为何偏好此类产品而非其他产品。通过深入剖析，明确具体的品类，并理解其如何满足客户的需求。

②购买动机分析，即深入探讨客户的购买目的，细致分析其背后的生理、心理、自然、社会、经济等多重因素。

③客户角色分析，即分析客户是个人、家庭还是组织，了解其在购买过程中的角色，包括使用者、决策者、执行者、影响者等。根据对这些角色的分析，掌

握相应品类的特征。

④购买渠道分析，即分析客户选择的购买渠道，据此提供与之对应的品类。

⑤购买时间分析，即了解客户选择的购买时间，据此确定合适的品类。

⑥购买场所分析，即明确客户选择的购买场所，据此确定相应的品类。

2. 对市场需求量的分析

市场需求量受客户数量、客户收入水平及客户购买意愿等因素的影响。

企业在经营活动中，必须特别重视对客户购买意愿的深入研究，该意愿受多种因素影响，包括但不限于产品定价、客户行为模式、替代品的性能和定价，以及客户对未来市场的预期等。在客户收入水平相对固定的前提下，产品价格较低、客户购买频率较高、市场上替代品较少、客户对产品前景持乐观态度等，通常会导致该产品的市场需求量相对增加。

第 **4** 章

数字化供应链核心流程
与组织落地

供应链的核心流程与组织承载着企业关键的管理资源，驱动着至关重要的价值管理活动。对企业核心流程与辅助流程进行重新设计，使其与先进的供应链管理模式和组织架构高度契合，将显著提升供应链的战略支撑能力。

4.1 供应链管理的组织基础

随着供应链管理理念的日益发展，越来越多的企业认识到，为确保自身在市场上更稳健地发展，提升整体竞争力与优化价值流动的管理方式显得尤为重要。在此背景下，流程与组织的构建被提至供应链管理的核心地位。

在 S-OTEP 模型中，战略（S）处于中心位置，紧随其后的便是组织（O）。然而，此处的组织（O）并非仅指组织架构，而是涵盖了组织与流程两个方面。S-OTEP 模型强调的是"流程先行，组织随后"的原则，即组织的构建基于流程优化的结果。这一原则旨在确保组织与流程的紧密契合，从而为企业带来更高效和协同的运作效果。

4.1.1 流程支撑战略

流程的建立对于企业管理团队而言具有至关重要的意义，它能够帮助企业应对复杂多变的市场环境，通过有序的组织构建和管理，实现跨部门的高效沟通与风险管控。在此基础上，企业方能形成明确的供应链战略与整体战略。因此，流程是战略形成和执行的基础。

流程对战略的支撑作用，主要通过精心设计与优化企业运营流程来体现。其中，供应链流程尤为关键。简而言之，流程是企业通过组织协作创造价值并将其交付给最终客户的过程。这一过程涵盖了多种活动,而非单一环节。企业价值的创造依赖于供应链上所有相关活动的有效执行,而非单一活动的结果。因此,流程中的各项活动相互关联、组织有序,遵循着既定的逻辑和操作顺序,而非随意和偶然的行为。

流程本身并非目的,创造满足客户需求的价值才是目的。企业领导者应将流程视为不同岗位、部门和活动的有机组合。这种组合需打破原有的部门界限,避免因利益划分而产生的自我中心化倾向;同时,要求不同人员和部门之间摒弃完全的线性模式,实现基于工作环节的深度融合与交流。在此基础上,供应链层面应设立与战略规划紧密相关的专业团队,由该团队积极承担流程管控职责,确保流程的顺畅运作,从而充分支撑战略规划的实施。

4.1.2　先有流程,后有组织

供应链组织的核心运作机制侧重于精确整合企业内外的重要资源与能力,旨在全面提升整个供应链的竞争效能。一个精心设计和高效运作的供应链组织,不仅有助于加深企业内部各部门之间的信任,更能有效激发各个岗位员工的积极性与创新潜能。然而,若缺乏明确且系统的流程指导,供应链组织的构建将失去其坚实的基础,进而丧失持续发展的动力。

流程和组织的关系如图 4.1.1 所示。

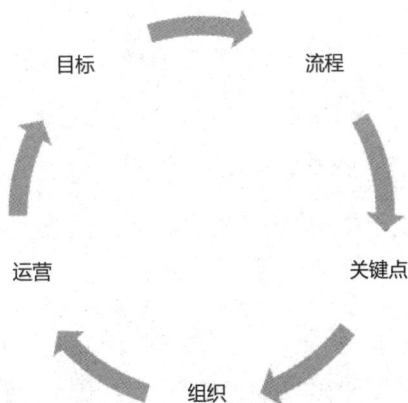

图 4.1.1　流程和组织的关系

对于各类企业而言，其供应链组织的构建均应聚焦于确保物流和信息流在组织内部准确无误地流动。这一构建过程应致力于通过高效运营的方式，促进企业整体战略目标迅速且有效地实现。然而，值得注意的是，若组织架构存在不足，可能引发的回路和交叉行为将不可避免地损害组织的最终利益。此类问题的常见表现形式如下。

存在一项关键任务亟待完成，组织要求每个员工承担相应的责任。然而，尽管每个人都相信其他人会主动承担责任，实际上却没有人采取行动。

在这种情况下，某个员工感到愤怒，因为这本是每个人的责任。每个人都认为这项任务任何人都可以完成，但似乎没有人意识到，如果每个人都袖手旁观，那么实际上没有人会去执行。

当任务因无人问津而未完成时，每个人都倾向于指责某个人。

众多实例表明，组织架构中充斥着回路和交叉行为时，企业中仅剩下 4 种角色：每个人、某个人、任何人、没有人。

实际上，回路和交叉行为所带来的危害远不止员工间的责任推诿、组织资源的浪费及企业效率的降低，更为严重的是，它们极易导致组织架构的长期运转混乱，进而对整个供应链产生深远影响。

正如交通管理中红绿灯节点的设置对于避免交通堵塞至关重要，企业在预防回路和交叉行为方面，也应注重关键确认点的合理设计。为确保这些关键确认点的准确性，企业必须依赖于流程的科学性。经过系统优化的流程中，关键确认点设计合理，从而有效消除了回路和交叉行为，同时也极大地激发了员工的责任感和行动力。企业中原来的角色被更明确的责任人、负责人、被咨询人和被通知人替代。

因此，"先有流程，后有组织"成为供应链管理中的核心设计思想。企业领导者应以此思想为指导，构建组织设计的逻辑框架，以满足供应链管理的实际需求。

4.1.3 组织设计的逻辑

供应链组织设计是一项系统性的工程，旨在实现企业既定的战略目标，对企业内部各部门的职能分配和协同机制进行精准规划和平衡。

企业首先需要清晰界定自身的战略目标，并对当前供应链进行全面的分析。在此基础上，企业需对原有的组织架构进行审慎调整，以创新的逻辑和策略，设计、规划、运营并持续优化供应链管理体系，确保其高效运作和持续发展。

供应链组织设计的逻辑如图 4.1.2 所示。

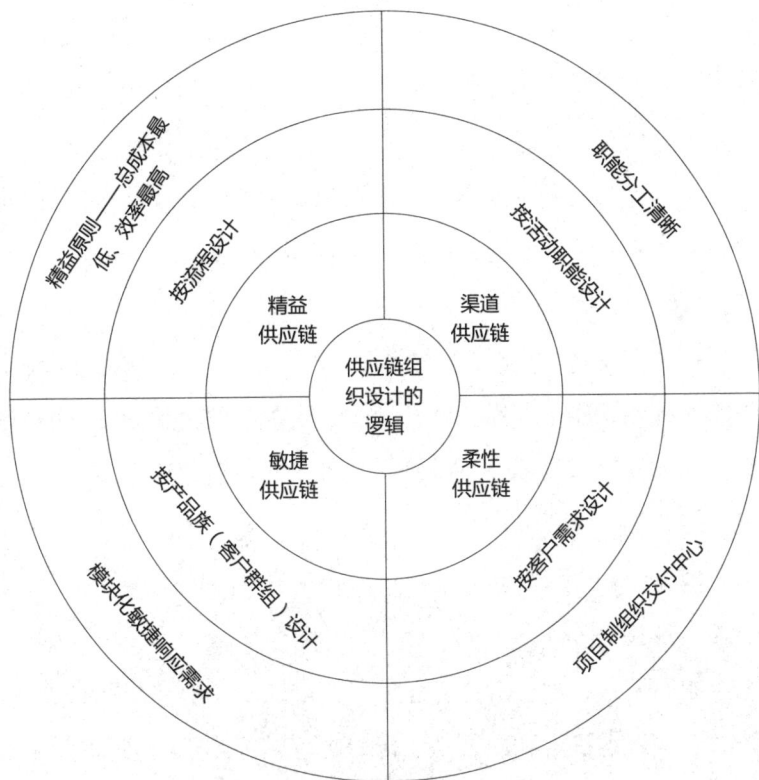

图 4.1.2 供应链组织设计的逻辑

在构建供应链组织设计的逻辑框架时，企业应审慎考量其所处的市场环境、竞争战略、发展阶段、技术特性、组织规模及员工队伍特征等多重因素，并在特定的市场竞争背景下形成多样化的表达形式。核心逻辑要素涵盖活动流程、职能分配、岗位要求及岗位绩效评估四大方面，以确保符合精益供应链、渠道供应链、柔性供应链及敏捷供应链等 4 种供应链的需求。

针对每一种供应链设计所对应的组织形态，是对企业整体战略目标的细致分解，亦是对供应链流程的全面规划。完整的供应链组织设计逻辑应至少涵盖职位设计、部门设计及层级设计 3 个维度，以确保组织架构的严谨性、稳定性和高效性。

1. 职位设计

职位设计是一项严谨且关键的工作，它要求对企业实现战略目标的方式和过程进行系统的规划和安排。在此过程中，企业领导者需对战略目标进行有层次的分解，并清晰地界定在供应链的每一个环节中所需采取的行动，以此为基础确定所需的职位和职务类别及其数量；此外，还应对不同职位、职务所需的人员能力条件及责任分配进行深入分析。

职位设计必须遵循必要的原则，运用科学的方法论，确保设计出的职位和职务结构既合理又高效，以支持企业战略目标的顺利实现。

2. 部门设计

企业在进行部门设计时，应基于不同职务人员所从事工作的性质，以及这些职务工作内容之间的区别和联系，将各个职务人员合理分配到各个部门。部门设计应依据企业的供应链特征而有所区别。举例来说，在专注于精益供应链的企业中，部门设计应更侧重于流程的高效性；对于以渠道供应链为主导的企业，部门设计则应更多地体现职能化特点；而在以客户需求为导向的柔性供应链中，部门设计应遵循客户需求的指引。

部门无论如何设计，都可能会与业务工作体系产生不同程度的矛盾。因此，企业领导者需要深入地进行部门关系分析。这包括对工作性质和内容相似或相同的部门进行必要的合并，对存在严重冲突或矛盾的部门进行整改；同时，还需对不同部门所发挥的作用和进行的活动进行逻辑分析，以确定各部门之间的合理关系，并明确组织的运行方式。

3. 层级设计

在层级设计的过程中，企业领导者应当遵循严谨的逻辑框架，以确保企业供应链管理纵向层级数目和各层级管理幅度的科学性。层级设计必须紧密围绕企业的战略目标展开，企业领导者应深入剖析供应链的运作特性，并综合考虑企业当前的资源状况；基于供应链每一层级所承担的工作内容和性质，进行精确分析，从而确定各级管理层的鲜明特征；同时，需明确界定各级管理层的职责范围与权限边界，确保不同层级的职务和部门能够形成一个紧密且有序的协作网络，以促进企业的高效运转。

4.1.4 不同的采购组织

采购作为企业实现供应链管理目标的关键环节，在竞争战略实施过程中占据着举足轻重的地位。尤其对于部分小型企业而言，采购甚至被视为供应链管理的核心，这凸显了其对企业整体运营的显著影响。

在面对不同的供应链类型时，采购组织呈现出显著的差异。根据 OTEP 模型，不同供应链类型对应的组织架构各具特色，包括职能型组织架构、矩阵式组织架构、CELL 组织架构与事业部组织架构等。基于此，采购组织大致可归纳为两大类别，即传统采购组织与非传统采购组织，这体现了采购组织在适应不同供应链时的灵活性和多样性。

1. 传统采购组织

传统采购组织，其核心职责聚焦于渠道供应链的服务与管理。在组织架构上，传统采购组织边界明确，多采取扁平化或金字塔式的层级结构，以流程为导向，强调员工的执行效能。此类组织就像军队一样，按照军、师、旅、团、营、连、排、班的层次架构运作。采购指令从顶层决策层开始逐层下达，直至基层采购员工，然后由基层采购员工实施具体的采购行动。当基层采购员工完成采购任务后，需通过信息流的逆向传递，即逐级上报的方式，将采购过程中的关键数据如价格、时间、对象等进行汇总，以供企业领导者进行深入剖析和理解。这些数据将成为企业领导者制定后续采购策略的重要依据。

在构建传统采购组织时，应以上述原则为指导，同时结合企业供应链运营的实际需求，进行灵活调整和优化，以实现采购效率最优化。常见的传统采购组织结构主要包括以下 3 种。

（1）直线制采购组织结构。它是最早出现且运行体系最简单的采购组织结构，其特征表现为"一个上级主管与多个下属"的层级关系。

直线制采购组织结构如图 4.1.3 所示。

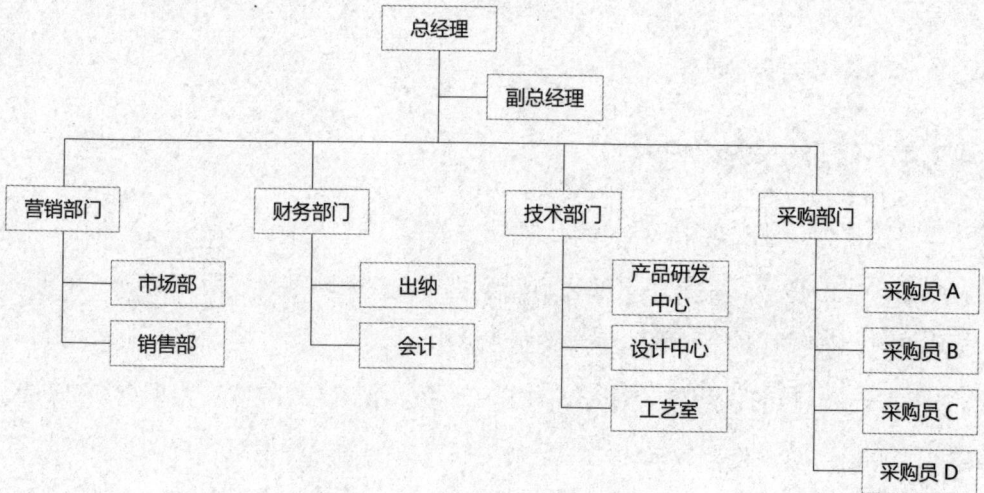

图 4.1.3　直线制采购组织结构

在直线制采购组织结构中，上下层级之间的指挥与被指挥关系被明确界定，采购权力的集中性显著，层级间的沟通流程简洁高效，从而确保了决策的快速性和采购秩序的稳定性。这些特性对于提高供应链管控和成本管理的便利性具有积极作用。因此，这种采购组织结构在构建精益供应链的加工制造企业中尤为常见。

然而，值得注意的是，直线制采购组织结构主要适用于中小企业，对于多元化经营的现代大规模企业而言，其适用性通常较为有限，即便这些企业采用的是传统采购组织。

（2）直线职能制采购组织结构。此种结构在直线制采购组织结构的基础上，增设相应的采购副总职位，旨在促进其他部门经理参与采购决策，并分担其管理职能。在这种采购组织结构中，采购部门接受采购副总的指挥，同时采购部门经理扮演辅助采购副总的角色，提供决策支持。

直线职能制采购组织结构的优势在于它能够进一步强化采购业务的集中领导，使顶层直接调配采购资源，从而提升采购效率，并明确采购职责。然而，此结构亦存在不足。由于采购副总往往需同时管理多个部门，一旦部门间出现矛盾，将显著增加其工作负担；若矛盾扩大至其他部门，最高领导层亦需投入更多精力进行协调。

值得注意的是，基于职能分工明确但可能降低组织效率的直线职能制采购组织结构，特别是在对成本要求极高的精益供应链环境下，已衍生出矩阵式组织结构。此结构更加适用于精益供应链，能有效提升组织在复杂环境下的应对能力。

（3）事业部采购组织结构。该结构旨在通过在不同产品线下设立小型职能型机构来实现专业化运作。这种结构通常被称为分部门结构，其原型源自美国通用汽车公司。在此结构中，企业根据其经营活动的特性，如产品类型、地域分布或客户特性，将业务划给多个独立的事业部。事业部负责人享有对其部门的全面管理权限，并可在事业部内部设立独立的采购部门。

事业部采购组织结构是一种将集权与分权优势有效结合的采购组织结构。每个事业部均设有运营中心、利润中心和服务中心，享有相当的自主决策权。这一结构不仅增强了各部门的采购自主权，使各部门能够自主承担风险，同时也激发了各部门的灵活性和主动性。然而，事业部的相对独立性也带来了一定的挑战，如部门间"壁垒"的形成，导致内部人员协作与信息共享困难。此外，各事业部的采购经理可能会因关注本部门利益而忽视企业整体利益。

因此，事业部采购组织结构更适合那些采购规模庞大、产品种类多样、客户基数大且所处市场变化迅速的企业。

2. 非传统采购组织

非传统采购组织，亦称作快速反应采购组织，主要服务于敏捷供应链与柔性供应链。此类采购组织的运作，必须积极跨越传统组织界限，以客户需求为核心，构建交付中心。在这一创新的采购组织中，研发、生产、销售及采购部门实现高效协同，迅速且高效地整合企业经营资源，以满足客户需求。

非传统采购组织致力于提升响应能力，以应对市场变化中涌现的多样化需求。此类采购组织通常不以固定的部门形式存在，多为根据项目需求组建的采购团队，其利用企业资源平台执行采购任务。这些临时组建的采购团队往往由跨部门员工组成，他们协同合作，共同达成目标。这种团队有以下几种常见的类型。

（1）跨职能采购团队。该团队由 3 个或更多部门的成员组成，他们共同致力于完成与采购相关的决策。

跨职能采购团队的主要职责包括：策划并执行降低成本策略、评估与选择供应商、识别并引入能满足客户需求的资源并规划其融入产品的路径、支持新品开发的相关物料供应、为新品设计提供必要资源、协商采购设计细节，以及管理和支持供应商等。

此外，企业可根据业务单元或产品种类的不同，分别组建不同的采购团队。这些团队需明确自身业务单元的采购策略与协议，并积极参与相关的技术开发和战略拓展工作。

（2）新产品采购团队。为有效提升整体竞争力，企业必须高度关注并致力于提高新产品开发效率。为此，企业宜组建专门的新产品采购团队，加快新产品的开发进程，以期达到缩短开发周期、提升新产品质量、降低生产成本的重要目标。

新产品采购团队应由设计、策划、生产、质检、市场营销及采购等多个部门的专业人员组成，确保各环节紧密协作，以全面优化新产品的开发流程。鉴于这些部门在新产品开发过程中的关键作用，其工作表现将直接影响新产品的最终品质和市场表现。

此外，为确保新产品开发的顺利进行，企业还应与供应商建立紧密的联系，并在必要时邀请其早期介入，以共同推动新产品的开发工作。

（3）品类管理采购团队。随着产品种类持续增加，采购流程日益复杂，此时企业应当考虑组建品类管理采购团队。该团队成员应能运用专业知识，对供应商资源进行有效整合，从而强化对各类产品质量与成本的控制。

品类管理采购团队的核心职责在于削减特定产品的生产与运营成本。其具体工作包括实现产品原材料的标准化、进行供应商的认证与评估，以及优化物流管理流程等。

（4）供应商参与的采购团队。对供应商的管理是该采购团队的核心职责之一。是否将供应商纳入采购团队，需视供应链特性而定。

在精益供应链或渠道供应链的背景下，邀请供应商加入采购团队的做法通常被视为不切实际。与此相反，实施传统供应链战略的企业更倾向于指派专门团队负责对潜在供应商进行评估和选择，而不是对现有供应商进行辅导，助其提升能力。

然而，在敏捷供应链和柔性供应链的框架下，将供应商纳入采购团队能够显著提升供应链的运营效率，更有效地满足客户需求。将供应商纳入采购团队可能会引起保密风险，特别是在合作涉及新产品设计过程的情况下。企业若在谈判中占据优势地位，可以要求供应商签订保密协议，以降低相关风险。

（5）客户参与的采购团队。企业倾向于采用敏捷或柔性供应链战略作为其主导战略，这一决策基于其产品结构特征所受到的市场高度不确定性和客户个性化需求的显著影响。在此背景下，企业非传统采购组织的构建亦需充分考虑"客户至上"的原则，进而引入客户代表参与决策过程。

以某农产品企业为例，该企业积极与大型连锁超市建立合作关系，设立农产品采购基地，有效连接了上游农户、合作社与下游超市。根据超市的经营需求，该企业明确了超市农产品质量、数量、品种等多方面的采购标准。值得注意的是，超市的采购标准并非凭空而来的，而是超市在对其终端客户的消费行为进行深入调查和数据分析后形成的。该企业明智地将客户代表纳入采购团队，这一举措不仅提升了供应链的精准性和灵活性，还成功构建了一个高效的柔性供应链体系。

（6）供应商委员会。国际知名的大企业，诸如波音和通用汽车等，均设有供应商委员会，该委员会旨在专门协调企业与供应商之间的关系。该委员会主要由各大供应商的高级管理人员组成，每年定期组织多次会议，旨在强化企业与供应商的合作关系，并使双方就采购相关事宜进行充分沟通。

通过这种机制，供应商得以积极参与企业的采购管理活动，与采购团队进行高效、有针对性的交流和讨论，从而确保双方能够达成共同的目标和愿景。

（7）采购委员会。此团队由企业各采购团队的高级管理人员组成，旨在通过委员会内部沟通的方式，强化企业各部门或事业部之间的协同合作。在实行分权制管理的企业中，采购委员会能够发挥桥梁作用，在不同部门间传递关键信息，并有效解决经营过程中出现的特定难题。

根据企业的实践研究数据，越来越多的企业开始将传统采购组织与非传统采购组织结合。大型企业倾向于同时采用传统与非传统采购组织结构，中小型企业则倾向于选择介于直线职能制采购组织结构与事业部采购组织结构之间的采购组织结构。

4.2 供应链管理的核心流程体系

供应链管理的核心流程体系涉及企业所需材料与资源网络的构建。

4.2.1 需求管理：如何做好需求计划与需求分析工作

企业供应链管理的核心流程主要涵盖了两项关键的工作任务，即需求计划和需求分析。其中，需求计划主要聚焦于对物料的规划和管理，需求分析则侧重于对非物料需求的评估与预测。这两部分工作共同构成了企业供应链管理的核心内容。

1. 需求计划

需求计划，亦称物料计划，意为配合企业生产产品的流程，预先对物料需求进行规划。

科学完备的需求计划必须包含一系列必要的支持功能。具体而言，企业能够通过查询需求计划，准确预估近期生产活动所需物料的使用量，以此保障生产与销售活动的无缝对接。采购部门则可依托需求计划，提前启动采购流程，确保采购时机精准，以获取更有利的采购条件。财务部门在需求计划的指导下，能够精确计算采购所需的资金与人力资源，进而加强采购成本管理，确保企业资金的高效利用。仓储管理部门则能根据需求计划，合理安排仓储日程，有效减少因物料积压或浪费而带来的成本损失，降低资金积压风险。此外，在生产环节，提前制订并执行需求计划，能显著减少因物料短缺导致的生产中断，促进生产的持续稳定发展。

需求计划的核心内容涵盖物料存量计划、物料采购计划及制成品库存计划等多个方面，并与企业的生产、销售计划紧密相关。在结构上，需求计划主要分为短期和长期两个部分。其中，短期部分主要基于销售部门的实际规划制订，而长期部分则更多地依赖于后端的预测分析。

（1）销售部门的规划。依据销售部门规划中物料需求特性的差异，企业可以将物料细分为 A、B、C 这 3 个类别。A 类物料因其价值高、品种稀少及采购周期较长而显得尤为重要。B 类物料的价值相对较高，品种较少，且采购周期亦较长。C 类物料是那些日常使用频繁且成本较低的消耗性物料。采购周期较长的物料，其计划周期亦相应较长。

此外，根据销售部门的规划，物料可进一步细分为外购物料和内购物料两种。外购物料由于采购周期较长及受外部因素影响较大，难以控制，因此其计划周期应设定得更长，并且安全库存量应相应增加。相比之下，内购物料的准备时间较短，因此安全库存量可以适度控制，并且计划周期可以更加灵活地安排。

企业在依据销售部门的规划制订需求计划时，应当积极利用先进的信息技术手段，以高效的方式获取精确的结果。

（2）后端预测。后端预测能够助力企业实现长期经营成本的降低及利润的提升。常用的几种后端预测的方法如下。

①自上而下进行预测。企业高层管理者依据经济、行业及市场整体趋势的变动，对企业产品未来在市场中的占有率进行预测，并基于此预测结果，依次向下级部门下达预测任务。

②自下而上进行预测。具体而言，企业管理者可指导销售、财务及客服人员，综合渠道商、代理商及经销商的反馈，依据当前销售状况，预测未来销售趋势，并据此编制岗位预测报告。继而，企业管理者将汇总不同产品或服务的相关岗位预测报告中的数据，据此进行企业整体的销售预测。

③销售额预测。企业能够依据过往的销售额预测未来的销售额。具体而言，企业通过比较本年度与上一年度的销售额，可以得出实际的销售额增长率，进而运用此增长率来估算未来各年度的销售额。

④因素分析法。销售额受多种因素影响，其中包括长期市场需求、经济周期的波动、季节性变化及偶然性因素等。企业能够通过量化方法对前三者进行计算和预测，而对于偶然性因素，则可设定一定的上下波动范围，并针对不同情形进行预测分析。

（3）需求计划的编制。物料可依据用途划分为常备性物料与专用性物料两大类。常备性物料通常指企业长期使用或具有通用性的物料，这类物料根据存量计划来采购。专用性物料则特指那些企业仅在获得订单后才进行采购的特定原材料，即专为某一产品所设计的特殊物料。鉴于专用性物料通常是根据订单需求采购的，企业一般不会为此类物料维持库存，而是依据订单编制专门的物料专项需求计划表作为采购的依据。

物料专项需求计划表如表 4.2.1 所示。

表 4.2.1　物料专项需求计划表

订单号：　　　生产批号：　　　批量：　　　日期：　　　制表人：

项目	品名	规格	单位用量	采购时间	预计用量	调整用量	请购量	需用日期	备注

为确保采购、仓储和物料配置流程的高效有序运行，规模较大的企业应依据物料需求计划，精心制订物料接收计划。该计划需科学合理，依据物料需求计划中物料的规格、数量、品种等核心要素，并结合其预计的入库时间进行细致考量。物料接收计划的制订，主要依据企业既定的物料需求计划，同时结合企业实际仓储能力、生产效率、岗位配置及员工出勤率等因素，确保物料接收的合理安排。鉴于物料需求计划周期可能随实际情况调整，物料接收计划应分为长期和短

期等不同类型，以适应不同周期的需求变化。

物料接收月度计划如表 4.2.2 所示。

表 4.2.2 物料接收月度计划

日期： 编号：

序号	接收日期	物料品名	物料规格	供应商	交货数量	存放位置	备注

2. 需求分析

需求分析相较于需求计划，更加侧重于非物料采购的维度。这涉及深入洞察和理解客户的实际需求，明确他们究竟需要什么、需要多少，以及何时以何种形式需要。基于这些详尽的客户需求信息，企业能针对性地解决采购问题，进而形成一份明确可靠、科学翔实的供应链需求分析报告。此分析报告可作为制订全面的供应链需求计划的依据，这一计划不仅涵盖物料需求，也充分考虑了非物料需求，旨在为企业的生产经营决策提供有力的支持。

需求分析主要包括需求确认和需求整合两部分。

（1）需求确认。需求确认指的是企业对内部非物料需求信息进行搜集、整理、审核及明确的过程。

在搜集步骤中，企业领导者应审读不同部门提交的采购申请单。鉴于这些申请单的内容各异，可能涉及单一品类及多种品类等多种情况，搜集资料时需对申请单进行初步整理，以确保信息的准确性和条理性。

在正常经营过程中，企业各部门通常按照既定的生产计划进行生产活动，然而，针对因生产变化而需补充的物料，企业应结合生产计划、销售计划和库存计划等，对采购申请单进行严格的审核，以确保补充的合理性。此项审核工作可由采购部门或计划部门承担。

对于采用项目制的企业而言，明确项目所需物料至关重要。任何新项目的实施，均涵盖从研发设计、生产制造到客户交付的完整流程。项目所需的具体非物料资源计划应由项目管理部门负责制订，并交由采购部门或计划部门审核，以确保项目资源的合理配置和有效利用。

此外，在企业的日常运营中，为应对意外情况，采购部门或计划部门需制订紧急需求应对计划，并经过严格的确认流程，以确保企业能够迅速、有效地响应市场变化。

在任何情况下的需求确认过程中，有 3 个关键因素特别值得企业关注。

①需求审批。审批者需从风险可控性、效率水平及成本 3 个维度，对各种需求计划进行综合评估，并指出其中的不足之处，要求需求提出者进行相应的修改。

②需求标准。需求标准应当详尽且切实可行，具备实际的指导意义。企业一般应根据产品或服务的类别，分别制定相应的需求标准。

③需求提报。企业应构建一套完整的采购需求申请流程规章制度，其涵盖申请提报的时限、审批流程及权限设置，以及流程中各环节的责任分配，并且企业应确保相关岗位人员对需求申请提报及相关对接工作的执行标准有明确的认识。

（2）需求整合。企业规模的扩大导致需求计划的种类相应增多。在这种情况下，采购部门或计划部门必须能够迅速识别需求，并且根据各项需求的特性对需求进行归纳和整合。

需求整合作为一项涉及企业内多个部门、环节、工序、岗位及物料的综合任务，要求整合者拥有全面的业务知识。具体而言，整合者需掌握生产技术知识，深入了解产品的生产加工工艺，并具备解读生产图纸的能力。同时，他们能够通过生产和销售计划与对图纸的综合分析，精准地确定物料与非物料需求。此外，整合者还需具备统计工作基础能力，掌握基本的科学统计分析方法。更为关键的是，整合者应具备预测分析和管理运营的综合能力，以发现隐藏在各类需求变化之中的规律，并通过规律总结进行更为高效的分析。值得强调的是，需求整合工作的顺利进行不仅依赖于整合者的个人努力，更需要企业内不同部门的紧密协作及领导团队的有力支持。

4.2.2 订单流程管理：以交付为导向

在现代供应链管理的实践中，向客户提供产品已不再局限于由企业单独完成设计、生产、运送和交付等流程。企业需在整个产品价值链条上保持连贯且一致的视角，以确保项目自始至终顺畅进行。

企业应在自研发设计至产品生产的项目管理阶段，提供一套多元化的服务流程。企业应日益强化成套服务的理念，将围绕订单的所有工作整合为系统化的流程，并为之匹配相应的价值服务，以实现产品的多元化发展。这一切均以交付为导向，旨在通过优化订单流程，进一步提升企业的综合竞争力。

以交付为导向的订单流程，主要包括以下 9 个要素。

1. SOP 管理制度

企业应就订单流程管理构建并执行 SOP 管理制度。

SOP（Standard Operation Procedure，标准作业程序）管理制度旨在确立标准作业程序。构建订单流程管理的标准作业程序，旨在通过统一格式描述订单管理流程中的标准操作步骤和要求，以指导和规范日常订单流程管理工作。通过实施 SOP 管理制度，新入职员工或岗位调整后的员工能够迅速了解并熟悉订单流程管理的工作内容，加快工作上手速度，促进工作承接的顺利进行。同时，骨干员工也能够借此从基础性、重复性的事务中解脱出来，以应对更高层次的管理工作。

订单流程包括接收订单、明确需求、领用耗材、客户服务等各个环节，这些环节虽看似分散于不同部门，但均可通过 SOP 管理制度进行统一梳理。进一步而言，企业内每个员工都在不同程度上承担着与订单交付相关的工作职责，这些职责均应整合纳入 SOP 管理制度，形成部门乃至企业整体的标准化工作流程。

在 SOP 管理制度的框架内，企业应确保有效识别生产、供应、销售三者之间的差异，并据此设计调整方案，使全体员工形成共识。SOP 管理制度不仅关注短期的产、供、销平衡，更着眼于长期的产、供、销平衡，旨在最大限度地提升企业的整体工作效率。

2. 基于供应链类型的 OTD 模式

在订单管理流程中，企业应依据供应链战略，构建相应的 OTD（On Time Delivery，准时交付）模式。

当前，众多企业管理人员对 OTD 模式的理解主要为按承诺交付产品。例如，企业向客户承诺一批设备将在第 50 天交付，客户仅需在 50 天前下达订单，便能在第 50 天取得货物。然而，除了按承诺交付产品之外，OTD 模式还有一层含义，那就是确保及时交付率。企业面对客户提出的任何要求，先将其视为合理的，在此前提下满足客户需求的可能性就是及时交付率。

因此，企业应当首先依据供应链类型，选择恰当的 OTD 模式。4 种基于供应链类型的 OTD 模式如图 4.2.1 所示。

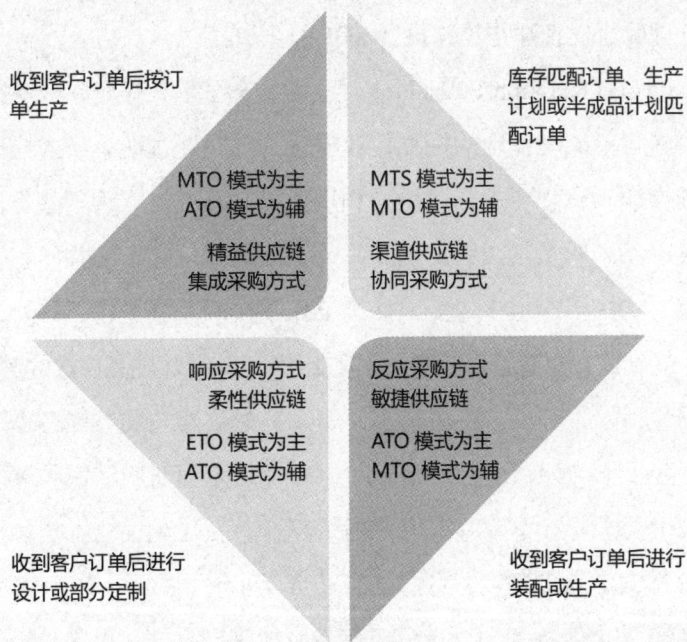

收到客户订单后按订单生产

库存匹配订单、生产计划或半成品计划匹配订单

MTO 模式为主
ATO 模式为辅

精益供应链
集成采购方式

MTS 模式为主
MTO 模式为辅

渠道供应链
协同采购方式

响应采购方式
柔性供应链

ETO 模式为主
ATO 模式为辅

反应采购方式
敏捷供应链

ATO 模式为主
MTO 模式为辅

收到客户订单后进行
设计或部分定制

收到客户订单后进行
装配或生产

图 4.2.1　4 种基于供应链类型的 OTD 模式

企业在实施不同的供应链战略时，应采用相应的 OTD 模式。

（1）精益供应链战略的核心在于采用集成采购方式，确保对关键客户需求的精确识别，并据此安排定制化的生产。该战略以 MTO 模式为主，同时辅以 ATO 模式。

MTO 模式主要以客户订单为导向，即企业在接到客户订单后，才开始进行相应的物料准备和产品生产工作。因此，若采用 MTO 模式，企业要预先完成产品设计，而非针对每个订单重新进行设计和配置。

在 MTO 模式下，客户需在提交订单后等待一段时间方能接收产品，而企业原则上不持有产品库存。

（2）渠道供应链战略的核心在于采用协同采购方式，通过库存管理、生产计划及半成品规划来确保持续不断的订单需求得到满足，并实现各环节之间的平衡。该战略以 MTS 模式为主，同时辅以 MTO 模式。

MTS 模式，即按库存生产模式，又称为备货生产模式。该模式主要指企业预先制造产品并将其储存于仓库之中，待客户订单下达后，即可直接从仓库中提取相应产品，其交付过程主要受运输环节的制约。

MTS 模式适用于客户需求相对稳定且可预测、市场需求量大、交货期短的情形。同时，多数采用 MTS 模式的企业也展现出按需生产的特性，通常会采用多种生产方式。

（3）柔性供应链战略的核心在于采用响应采购方式，即在接获客户订单之后才着手进行产品设计与生产，从而提供一定程度的定制化服务。该战略以 ETO 模式为主，同时辅以 ATO 模式。

ETO 模式，即按订单设计模式，又称为定制生产模式。该模式依据客户订单的特定需求，对产品进行设计或对工艺进行相应的更新，继而执行原材料采购、生产加工及产品交付的流程。因此，交货期涵盖了设计、采购及生产所需的所有时间。这表明客户能够通过该模式充分满足其个性化需求。

在 ETO 模式下，产品是根据订单需求进行设计和制造的，通常仅能生产一次，无法实现重复生产。因此，交货期往往较长。

（4）敏捷供应战略的核心在于采用反应采购方式，即在接获客户订单之后才启动装配生产流程。该战略以 ATO 模式为主，并辅以 MTO 模式。

ATO 模式，即按订单装配模式，又称为定制装配模式。企业预先规划、生产并储备标准通用零部件，在获得客户订单后，仅需执行总装流程，并尽可能利用仓库中的标准通用零部件进行生产，从而迅速完成产品交付，彰显出敏捷生产的显著优势。

ATO 模式主要用于市场需求旺盛的产品领域，且产品采用模块化方式生产，企业能够通过组装迅速响应客户需求。

3. 基于品类划分的 OTD 模式

对于规模庞大且产品种类繁多的企业，其供应链类型往往并非单一的。在这种情况下，应依据品类划分来确定具体采用何种 OTD 模式。基于品类划分的 OTD 模式如图 4.2.2 所示。

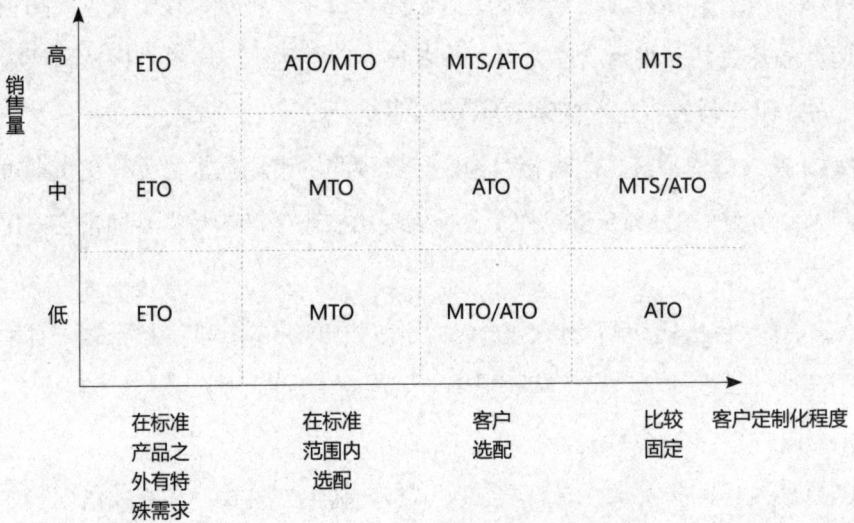

图 4.2.2　基于品类划分的 OTD 模式

品类划分主要依据两个核心维度：其一为销售量，其二为客户定制化程度。销售量细分为高、中、低 3 个等级，而客户定制化程度则划分为"在标准产品之外有特殊需求""在标准范围内选配""客户选配""比较固定"4 个等级。基于这两个维度，形成了 12 种不同的组合情形，每种情形均对应特定的 OTD 模式。

4. 订单管理系统构建

企业宜构建订单管理系统，以对客户的订单进行有效管理和合理分配，确保设计、生产和运输等供应链环节的有机整合，从而稳定且高效地发挥各环节的作用。

5. 物料与订单匹配

采用任何一种 OTD 模式，企业都必须确保物料供应与订单需求之间的精确匹配。为此，企业应及时制订物料需求计划（Material Requirement Planning，MRP）。

MRP 作为企业的物料计划管理方法，主要依据不同产品的结构层级、物料间的关联性及物料数量，以每个产品的预定完成日期为基准，进行逆向规划，以确定物料的使用时序和优先级。若 MRP 规划得宜，将能确保企业在生产过程中既不面临物料短缺的问题，也不出现库存过剩的情况，进而实现物料与订单的精确匹配，减轻生产系统的负担，达到理想的平衡状态。

以餐馆为例，鸡蛋作为青椒炒鸡蛋、木耳炒鸡蛋及西红柿炒鸡蛋等菜品的必要原材料，其重要性不言而喻。因此，在采购鸡蛋时，应避免过度储备，以减轻资金压力。建议根据每日的订单量，即客户的实际消费情况，进行适量的原材料采购。假设餐馆每日预计烹制上述 3 款菜品各 5 盘，总计需要 60 个鸡蛋，按照传统的采购方式，可能会一次性采购全部所需鸡蛋；然而，采用更为精细化的 MRP，可以先采购大约 30 个鸡蛋，然后根据餐馆的实际营业情况，动态追加原材料采购数量，确保物料与订单之间的精确匹配，实现资源的有效配置与利用。

MRP 系统主要包括输入和输出两方面。

（1）输入。MRP 系统的输入要素涵盖主生产计划、主产品结构文件及产品库存文件这 3 个核心部分。

主生产计划具有综合性特征，它依据订单需求制订产品的生产进度计划，明确产品的最终出厂时间和数量。

主产品结构文件为企业开展生产和服务活动提供了各种零部件和原材料信息。

产品库存文件主要用于提供不同零部件和原材料的相关数据，这些数据包括当前库存量、预期未来需求量及需求周期等信息。

（2）输出。MRP 系统依据订单时间、生产周期、计划需求量、原材料供应周期及其他相关数据，生成具有不同形式和内容的输出结果；通过提供关于物料整体需求的明确信息，确保物料与订单之间实现精确匹配。

6. 产能与订单的平衡

产能与订单的平衡，主要由企业的生产部门通过精心规划实现。借由产能计划，生产部门能够清晰判断产能与订单是否实现平衡。例如，在预测下个月订单可能大幅增长且现有产能存在无法匹配风险的情况下，生产部门需依据计划调整策略，适时提前启动生产流程。因此，产能与订单的平衡并非简单追求生产与销售计划的直接对应，而是需要生产部门基于其内部逻辑和考量进行精细规划。通过对订单量的精准预测，结合对企业生产周期历史规律的深入理解，生产部门才能确保产能与订单之间达到充分平衡。

7. 交货期限

交货期限是指向客户提供产品的具体日期。该期限是在企业与客户进行初步沟通协商的基础上，依据企业的生产能力和状况而确定的，自客户下达订单之日起生效。企业管理层只有在充分掌握供应状况和生产现场实际情况的前提下，方能设定一个合理的交货期限。

交货期自然会超过产品实际生产所需的时间。这是由于产品在生产完毕后，还需经过包装、质量检验、试运行等环节，只有在这些环节全部完成后，产品才能正式交付给客户。

8. 订单跟踪

企业内部的订单跟踪流程能够有效地保障交付任务的顺利完成，其核心在于对时间精度的确认。

订单跟踪的基本内容如下。

（1）确定生产计划。生产计划应在接获订单之后，由生产部门负责拟订，其包括数量计划与日程计划两项。

①数量计划。该计划的主要目的是确定产品数量。需特别留意的是，该计划中的产品数量不应仅依据订单数量来确定。鉴于企业通常会保有一定量的产品库存，并且在加工过程中可能会出现自然损耗和不良品，这些因素均会对最终的产

品数量产生影响。

考虑到上述因素，产品数量的计算公式如下。

$$产品数量 = 订单数量 - 库存数量 + 订单数量 \times 不合格率$$

②日程计划。企业需深入掌握其生产现场的资源配置与能力状况，并在此基础上进行科学的生产安排。为准确掌握生产过程中各工序的效能，企业应建立工时统计表，以识别生产流程中的瓶颈环节，并据此对员工及岗位进行合理调配。

工时统计表如表 4.2.3 所示。

表 4.2.3　工时统计表

工时类型	A工位	B工位	C工位	D工位	E工位
负荷工时					
能力工时					
差异工时					

依据工时统计表，企业管理者能够清晰地了解产品的生产进度，并准确识别出生产流程中哪个环节出现了停滞，从而采取有效的应对措施。

（2）交货期限管控。为确保对交货期限的精确控制，企业管理者应在生产现场实施有效的管控措施。例如，通过合理安排生产顺序，优先生产关键产品以满足紧迫的交货需求。同时，可将订单需求的产品分批生产，以缩短整体交货期。企业亦可通过减少时间损耗、优化生产工艺等手段，有效缩短交货期，并对订单进行跟踪。

在交货期限管控的过程中，企业需培养应变能力，提前培训员工并制定应对方案，以便对可能出现的生产延误进行有组织的补救。

9. 交付流程

企业在交付产品前，应明确交付的时间、地点、标准、数量及接收和确认的方式。

（1）预先指定交付流程负责人，并对其职责与权限进行明确界定。

（2）在明确交付细节之前，必须与客户对细节进行讨论，并获取其明确的答复。

4.2.3 新产品订单流程管理

在市场上，鲜有仅凭单一优势持续占据主导地位的企业。为了保持优势，企业必须不断地进行新产品开发和销售，这构成了企业订单流程管理的核心要素之一。具体而言，新产品订单流程管理涵盖了两个主要环节：新产品开发流程和新产品导入流程。这两个环节对于确保新产品顺利进入市场并赢得市场份额至关重要。

1. 新产品开发流程

新产品开发流程是确保产品创新有序推进的核心要素。在此过程中，可能涉及对原有产品结构的更新、简化、分解、组合等操作，同时也可能涉及对原有产品在功能层面上的改进和完善。无论采取何种形式，企业均应根据具体难度，严格遵循既定的新产品开发流程。

（1）从概念到设计。新产品的概念源自深度的创意，而创意的生成则直接依赖于研发人员在前期对市场的细致分析和深入研究。通过这一过程，企业能够明确具体的创新方向，并据此形成初步的设计概念。

在此阶段，关键在于构建一套从概念到设计的有效转化机制。这不仅是设计团队的核心职责，也是大部分员工所共同承担的任务，更是管理层所关注的焦点。只有当大部分员工都深刻认识到从概念到设计这一创新流程的重要性，企业才能顺利推动新产品开发的进程。

（2）设计确认。在此过程中，产品研发部门需首先确认创新设计的方向，并解答以下问题。

问题一：是否必须通过创新设计来满足客户需求？

问题二：若必须进行创新设计工作，则必须实现哪些具体目标？

问题三：针对客户需求，存在多种创新设计方案，哪种方案最好？

问题四，推出新的创新设计方案后，能否有效解决原方案所面临的问题？

（3）打样及确认。在本阶段，企业通过制作样品，即打样，回答以下问题。

问题一：新产品所针对的目标客户群体是谁，以及现有市场是否具备接纳新产品的条件？

问题二：样品所反映的开发总成本究竟是多少，以及当前技术与运营体系是否足以支撑开发流程？

问题三：开发至打样阶段所需时间及打样至产品正式推出所需时间是多久，以及新产品是否能够满足客户的需求？

若企业面临其他竞争者同时研发类似产品的情形，则必须积极展开相应的比较研究，以明确自身的竞争战略。

（4）小规模试制阶段。在这一阶段，企业应识别出研发团队在早期工作中可能犯的错误，同时技术部门与产品团队之间应紧密合作，提出解决方案以处理相关问题。

（5）产品成本的优化管理。企业应依据新产品研发及试制过程中的经验积累，对产品成本进行深入的优化管理。

（6）产品及工艺标准的确立。通过前述各项工作，确立产品研发过程中形成的产品及工艺标准，同时确立一套可推广、可复制的内部工作标准，确保这些标准在后续的批量生产过程中得到严格遵循。

2. 新产品导入流程

在推动新产品进入市场的过程中，往往会遭遇诸多难以预见的挑战。不论市场调研的深度如何，员工经验是否充足，企业管理者在新产品导入流程中都会发现，问题将接踵而至。若此时遭遇意外状况，极可能导致问题堆积成山，难以解决，从而使新产品陷入困境。

为有效规避此类情况，企业在将新产品导入市场的过程中，应重点关注以下要点。

（1）实施中批量乃至大批量的全面测试和验证。以某饮料企业为例，其在产品试产前期曾遭遇罐体砂眼、充气不足、打码模糊等问题。由于缺乏足够批量的验证，企业误以为这些问题已通过技术手段解决。然而，在部分产品发往某省试销后，问题依旧存在，但好在及时得到了解决。若该企业省略试销环节，直接将产品在全国上市，问题将更加严重。测试和验证不应仅限于企业内部，产品是否真正满足终端客户需求、适应销售渠道特点、最大限度地发挥渠道优势等，均无法通过简单的、小范围的测试和验证得知。企业应在借鉴其他企业以往成功经验的基础上，通过更大规模的测试和验证，全面了解新产品特性。

（2）进行供应商匹配、测试和验证。经过大批量测试和验证后，企业对新产品特性有了深入了解，进而可以对供应商进行匹配、测试和验证，确保供应商能力符合新产品生产要求，避免因原材料问题导致正式生产的产品无法达到标准。

（3）修正并确认产品及工艺标准。在完成上述步骤后，企业还需根据测试和验证结果，进一步修正并确认产品及工艺标准，确保其更加符合实际需求，为未来供应链管理提供全面支持。

4.3 供应链管理的辅助流程

辅助流程指在企业管理供应链的过程中，将辅助业务与核心业务进行联结的程序。与核心流程有所区别，辅助流程并不专注于供应链中的某一特定环节，但其影响却贯穿整个供应链。本节旨在深入探讨如何最大限度发挥辅助流程的效能。

4.3.1 商务流程

在商务流程设计过程中，企业应当从商务视角出发，审慎地理解一系列核心概念、核心内容及其分类。这一过程涵盖了对合同、采购价格因素的深入考量，以及匹配机制的有效构建，以确保商务流程的高效运作和顺畅执行。

1. 合同管理

供应合同指供应链中一方对另一方做出的承诺，确保一方在特定条件（涵盖采购时间、送达时间、交付方式、付款方式，以及产品数量、质量与价格）下履行产品或服务的交付义务，同时另一方亦须遵循双方约定，为此支付相应的报酬。对于寻求进一步发展的企业而言，其在运营过程中对物流、资金流、信息流的管理、控制，均须借助合同管理来实现。

在实际运营场景中，合同不局限于书面形式的"正式合同"，一些普遍适用的默认协议同样具备合同效力。此情形在供应链管理中尤为显著。企业与供应商之间的关系，可能基于书面形式的明确约定，也可能未经书面确定，甚至仅基于双方默认的惯例。

企业应当对不同类别的合同、订单、协议实施分类管理，并制定科学的流程管理制度。通过强化合同执行的反馈机制，企业能够有效协调供应链上下游的关系，从而与供应商建立更加紧密、均衡的合作伙伴关系。

2. 询比价采购

通过严谨和理性的供应链管理流程优化，企业能够有效降低管理成本，并实现对长期采购成本的合理控制。在确保企业生产经营标准不降低的前提下，这种优化有助于企业开拓更广阔的利润空间。为实现这一目标，企业应在市场中积极寻求多元化的供应商资源，并强化询比价采购策略的执行力度。

询比价采购策略要求企业作为采购方，向一家或多家供应商发出详细的采购需求信息。在收到多家供应商的报价后，企业需基于对价格和质量的综合考量，筛选出重点供应商，与之进行深入的谈判和磋商，从而确定最终的供应商。

为确保询比价采购策略的有效执行，企业应将其中的关键询比价环节正式纳入供应链管理的商务流程之中。

（1）分析研究。在启动询比价流程之前，企业需对现有产品或服务的市场状况进行深入分析与评估，以判断价格的合理性，并探究供应链管理过程中出现的问题，明确哪些环节需要加强成本控制。

（2）调查了解。企业需对所采购产品的供应商名单进行详尽调查，掌握其地理位置及身份信息，明确供应商是生产商、代理商还是批发商。

（3）询比价流程优化。企业应优化询比价流程，寻找合适的供应商，确保供应商管理工作质量高、效率高、成本低，从而构建优质的供应链环境。

3. 订单分配及供应商匹配

订单的合理分配与供应商的有效匹配构成了供应链合作伙伴关系管理辅助流程的基础。订单分配有助于在供应商心目中树立企业的良好形象，而供应商匹配的目的在于筛选出符合企业需求的优质供应商。

（1）订单分配。订单分配要求采购部门深入理解订单相关计划，并能对供应商进行公正的评估。此流程的操作规范包含众多要点。

订单分配操作规范要点如图 4.3.1 所示。

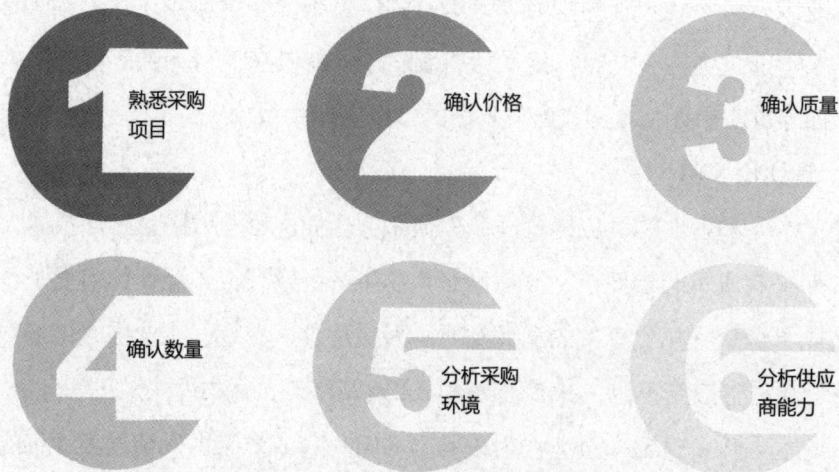

图 4.3.1 订单分配操作规范要点

①熟悉采购项目。采购人员需预先深入了解采购项目，这包括但不限于了解采购任务所需物料的种类与数量等关键信息，以便为订单分配提供必要的基础。

②确认价格。采购人员应当运用科学的方法进行分析和计算，以确定合理的价格，并需综合考虑所采购物料的需求量及时效性，进而发出询价单；在收到报价之后，应进一步整合相关资料，以确保价格的准确性。

③确认质量。采购人员与供应商的互动时长通常超过供应商与产品验收人员的互动时长。在执行订单分配任务时，采购人员应承担监督职责，依据先前对供应商的评估，运用其应有的鉴别和确认能力确保物料质量。

④确认数量。订单需求量应不超出供应商的订单承载能力，一旦订单需求量超出其订单承载能力，采购人员必须立即指出，确保订单得到妥善处理。

⑤分析采购环境。在对订单内容进行充分确认后，采购人员应迅速查询并掌握采购环境的相关信息，以便科学合理地进行订单分配。对于小规模采购，可通过审阅书面报告文档中的供应商信息，以详细分析采购环境；对于大规模采购，则应利用信息系统管理工具来对采购环境进行深入分析。

⑥分析供应商能力。若将订单指派给已达到产能极限的供应商,将难以保证订单按预定计划顺利完成,进而可能导致供应中断。采购人员需充分利用专业经验,对采购环境中的供应商整体产能进行精确评估,明确哪些供应商的产能已满负荷,哪些尚有余力,并据此进行合理的订单分配。即便面临全部供应商产能饱和的状况,也不可轻率行事,而应立即向供应链管理部门报告,并迅速制定应对紧急情况的方案。

依据前述要点进行订单分配,有助于企业精准分配订单,并为不同的供应商提供差异化价值。

(2)供应商匹配。随着现代信息技术日新月异的发展及消费模式的不断演变,客户对产品或服务整体质量的期望日益攀升。在这一竞争激烈的市场环境中,企业为了保持竞争力,必须重新审视并构建其供应商体系。

供应商匹配的方法一般可以分为量化匹配与非量化匹配两大类。量化匹配强调利用数学工具和方法,实现精确、细致的匹配;而非量化匹配则侧重于借助经验、直觉等非量化手段,进行较为模糊但同样实用的匹配。

无论选择哪种匹配方法,企业都应基于供应商匹配的相关理论,通过深入的比较分析,构建科学、合理的供应商匹配指标体系。这一指标体系旨在帮助企业精准识别并选择合适的供应商,使其能够进入企业的上游供应链,从而直接提升企业整体的经营质量和竞争力。

4. 对账及付款核销

供应链管理中的对账及付款核销是确保财务透明度和准确性的重要环节。该环节指的是企业财务人员在完成财务报表后,主动或配合供应商相关部门对往来账目进行核对,往来账目包括但不限于应付账款、预付账款等。核对结果需经双方签字盖章确认,以确保数据的真实性和有效性。

对账及付款核销通常由供应商提出。然而,即便供应商未提出对账要求,企业财务人员亦应每月进行自我检查,尤其关注应付款账面出现负数或大额应付账款的项目,以防范潜在风险。

若供应商在特定时限内未主动与企业进行对账,企业应主动采取行动,要求财务人员通过采购部门与供应商联系，确认应付款项目情况，从而避免可能产生的各种问题。一旦对相关材料审核无误，企业将按合同条款规定的方式和时间，及时支付货款并进行账目核销，以保障供应链的正常运行。

4.3.2　供应商开发管理

由于新产品、新需求、新技术的不断涌现，企业应持续提升供应链效能。为实现此目标，企业必须致力于发掘并培育更卓越的供应商。供应商开发管理，作为企业为满足客户不断变化的需求，对供应商能力进行深度开发与提升的一项对外管理活动，此时显得尤为重要。通过此活动，企业将推动供应链整体效能进一步提升。

1. 供应商调研

在对供应商进行开发管理之前，企业应当先深入开展供应商调研工作。鉴于企业所处供应市场的动态性，企业必须对"供应池"内的各个潜在合作对象进行全面、细致地考察和了解，以寻求更优质的供应商资源。

为确保获取的供应商信息的真实性和准确性，企业应明确信息来源，其包括但不限于过往或现有的合作供应商、互联网资源、行业联络平台、产品发布会、展销会和展示会等。调查的核心内容应涵盖供应商的基本经营状况、财务实力、经营与协作记录、商业声誉等方面。同时，特别需要关注供应商的研发实力、生产能力、管理效率及质量管控体系。

在调查过程中，企业应根据自身所采购产品或服务的具体特性和需求，适当扩大调查范围和增加调查深度，并增加信息来源，以确保采购决策的科学性和有效性。

2. 供应市场分析

在分析供应市场时，企业应当遵循"由宏观至微观、由粗略至精细"的基本原则，逐步深入市场研究。这类似于使用显微镜进行观察，通过不断调整焦距，使得市场各个层面的特征清晰呈现。

（1）宏观分析。企业在进行供应市场宏观分析时，应运用多种分析工具，主要包括 PEST、产品生命周期分析及 SWOT 分析矩阵等。

（2）中观分析，包括竞争程度、竞争结构分析。竞争程度分析涉及对市场竞争程度的深入研究，依据竞争程度从高到低的顺序，市场可依次划分为完全竞争市场、垄断竞争市场、寡头垄断市场及完全垄断市场。竞争结构分析则通过对买方市场和卖方市场的细致剖析，揭示市场的具体特性。例如，买方市场可能呈现垄断竞争市场、寡头垄断市场、完全竞争市场等不同市场形态，而卖方市场亦可能如此，这些不同的市场形态将决定供应市场的未来发展趋势是否对企业有利。

通过运用这些分析方法，企业可以清晰地掌握供应市场在中观层面上的发展态势，从而为自身进一步明确采购策略提供依据。

（3）微观分析。对供应市场的微观分析，意味着将观察的焦点调整至更接近企业的层面。微观分析的角度如图 4.3.2 所示。

图 4.3.2 微观分析的角度

为避免在采购过程中因认知误差而产生问题，企业需从多个角度进行微观分析，以全面且深刻地了解供应市场。

3. 供应商开发

在深入分析供应市场后，企业已明确各供应商在市场中的具体定位，洞察市场的未来发展趋势，进而对潜在供应商形成初步认知。基于以上分析，企业可以系统推进供应商开发流程。

完整的供应商开发流程包括八大步骤，如图 4.3.3 所示。

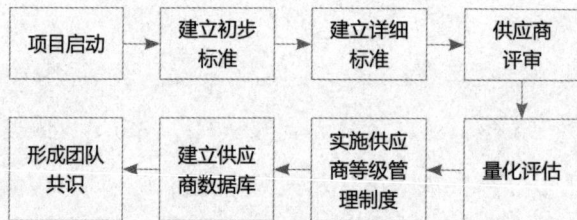

图 4.3.3　供应商开发流程

（1）项目启动。项目启动应基于对供应市场的科学分析。企业需综合考量供应市场份额、市场发展趋势、市场环境状况及潜在供应商信息等因素，以决定项目的启动时机。

（2）建立初步标准。在对供应市场进行深入分析后，企业应评估供应商的工艺水平、可靠性及稳定性等关键因素，从而建立评判供应商综合竞争力的初步标准。

（3）建立详细标准。鉴于多数企业在开发供应商时仅依赖于粗略的初步标准，这可能导致供应商在合作初期表现尚可，但随时间推移问题逐渐显现。因此，企业有必要进一步建立更详细的标准，以挑选并培养那些具备长期发展潜力的供应商。

（4）供应商评审。企业宜设立供应商评审委员会，该委员会的成员应当兼具专业性、代表性和相关性，为企业高层管理者精心挑选的采购、质量、技术、生产、服务等部门的核心成员。

企业需依照预先建立的详细标准制定评分规则，并通过与供应商面对面交流、现场调研及关键客户评价等多种方式，执行评审工作。

（5）量化评估。完成供应商评审后，企业应对潜在供应商进行量化评估，以确定参与样品提交或试验生产的供应商名单。

（6）实施供应商等级管理制度。企业应对通过量化评估的供应商实行等级管理制度。该制度包括优秀、良好、一般、较差等不同层级，其评定标准涵盖产品质量等级、价格区间等多个因素。

（7）建立供应商数据库。为促进供应商的开发与管理，企业应构建一个包含所有一般级别以上供应商的数据库。基于该数据库，企业能够对供应商在交货期限、供货数量、产品质量及服务水平等方面的表现进行综合统计与考核，从而明确各供应商的绩效状况。

（8）形成团队共识。在供应商开发流程中，企业需关注内部团队。企业应通过评审、筛选、考核等手段，充分激发各部门的积极性，同时采取相应措施，以防止在供应商开发流程中某些部门出现独断专行的情况，确保团队形成共识。

供应商开发流程是持续进行的。企业应将上述步骤纳入一个良性循环体系，使之不断循环往复，从而为供应商提供一个优胜劣汰、持续成长的平台。

4. 供应商开发计划管理

为确保供应商能够持续展现卓越绩效，企业必须对供应商开发流程实施有规划、系统化的管理。这一过程涵盖对开发原因进行深入分析、制订明确的开发计划、设定评价的关键维度，以及系统推进计划管理。

5. 供应商开发评估

供应商开发评估主要分为一次性采购需求评估和重复性采购需求评估两种类型。

（1）一次性采购需求评估。企业应严谨地核对、审批并确认自身的一次性采购需求。负责确认的部门需详尽阐述采购的必要性，并具体说明所需采购的材料品类、数量等信息。此外，企业需对一次性采购需求的关键点进行全面、详尽地描述，其涵盖产品到位时间、工艺标准、质量表现等多个方面，并且企业需明确为此所准备的预算。当上述需求明确后，企业即可根据这些关键要素，初步确定所需的供应商。

（2）重复性采购需求评估。企业应当致力于明确区分长期合作供应商与短期合作供应商，并以符合长远合作实际的标准作为对长期合作供应商的基本要求。在设立相关评估指标时，企业必须着重考虑重复性与稳定性，并综合考量开发成本，避免仅局限于对某一局部特征的片面评估。企业在对长期合作供应商进行评估时，应当在供应商满足整个供应链的基本要求的基础上，突出自身长期需求的差异性，并据此合理确定各项评估指标的权重。

4.3.3　供应商分阶段与分级分类管理

在众多中小企业中，我们发现其仓库内的物资分类不明确、摆放杂乱无章，生产线的管理混乱不堪，材料供应时常出现短缺……这些问题严重制约了企业的生产效率。解决这些问题的关键在于实施对供应商的分阶段与分级分类管理策略。

1. 供应商分阶段管理

企业可依据与供应商的合作所处的阶段，采取差异化的管理策略。供应商分阶段管理的类型如图 4.3.4 所示。

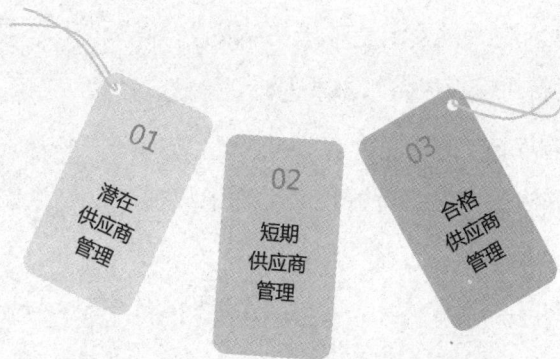

图 4.3.4　供应商分阶段管理的类型

（1）潜在供应商管理。在新建或重建供应链的初期阶段，经过积极的市场调研和主动搜索，企业通常会面临众多的潜在供应商。在此关键时期，企业需加强对潜在供应商的管理，通过科学的管理手段，迅速甄别并剔除那些不符合长期固定合作标准的供应商，进而将潜在供应商的数量精减至合理区间。这种精准有效的管理方式将显著减轻企业后续在供应商开发与管理方面的工作负担，确保供应链的高效运作和持续优化。

（2）短期供应商管理。短期供应商更多被视为一种统称，其包括客户指定供应商、一次性供应商、试用供应商等。

在管理客户指定供应商时，务必打破信息壁垒，确保所有问题均能透明地呈现于客户面前。为此，构建健全的信息分享和报告流程显得尤为关键。

在管理一次性供应商和试用供应商时，应着重评估短期订单是否超出供应商的生产和交付能力，同时考虑企业需求与供应商能力的匹配度，以及企业订购物料的数量是否达到供应商的最小订购量要求。

（3）合格供应商管理。合格供应商是指经过审核，在未来一段时间内负责提供关键原材料的供应商。企业应当审慎地将绩效卓越或具备独特技术专长的供应商列入合格供应商名单。对于负责供应关键或具有特殊价值的原材料的合格供应商，企业需提供充分的协作支持，从而与之构建长期且稳定的合作关系、共同承担开发成本，促进内外资源的互利共享。

2. 供应商分级分类管理

供应商分级分类管理涉及以下因素。

（1）企业对供应商的重视程度。企业应对重要性各异的供应商采取不同的管理策略。此举旨在确保管理资源均衡分配。例如，可将供应商划分为战略供应商与优先供应商，并据此建立相应的审查、评估及淘汰机制。

（2）供应商提供的价值。依据"二八"原则，关键供应商数量有限，其余供应商则可归类为一般供应商。企业应将关键客户的订单悉数交由关键供应商处理，而将一般客户的订单则交由一般供应商完成。

（3）供应商的规模。鉴于供应商的生产经营规模存在差异，企业应采取与之相适应的开发和管理策略。企业可依据供应商的规模及经营品类，构建相应的矩阵分析模型。

（4）企业与供应商的关系。企业与供应商之间的关系并非仅凭双方领导者之间的非正式协商即可确立，而是由供应商的类型所决定的。不同的供应商将为双方赋予不同的角色。企业与供应商的关系主要有以下几种。

①短期目标型关系：企业与短期目标供应商之间的关系以合同履行为主要目标，合同结束后双方关系自然终止。在此情况下，企业应注重优化与短期目标供应商的谈判策略，提升谈判技巧与议价能力，确保在合同履行过程中占据有利地位；对于如何提升供应商开发能力，则无须过多关注。

②长期目标型关系：企业与长期目标供应商之间是基于长期利益的合作关

系。双方共同致力于促进彼此发展，并通过长期联系不断强化这种合作关系。供应商愿意根据企业需求持续提升产品质量、改进服务、降低成本，而企业也期望供应商能够参与提升供应链竞争力的过程。因此，双方应适当扩大合作范围，不仅限于采购与销售部门之间的合作，还应鼓励其他部门之间开展深入的合作与交流。

③渗透型关系：此类关系建立在长期合作的基础之上，双方均将对方视为自身不可或缺的一部分，基于对共同利益的重视，关注对方的利益。为确保双方利益更为紧密地结合，企业会与供应商协商，采取如相互投资参股等有效措施。同时，双方也可能在组织结构层面做出相应调整，互派人员参与对方的相关业务，以便实时、全面、准确地掌握对方的经营动态。

④联盟型关系：此类关系侧重于从供应链整体利益的角度出发，通过构建共赢联盟，实现供需双方目标的完美契合，共同推动供应链的持续完善。在联盟型关系中，企业应努力占据核心地位，以便更有效地协调与供应商及各供应商之间的关系。然而，随着供应链长度的增加，联盟型关系的管理难度亦会相应提升。

⑤纵向集成型关系：此类关系涉及对整个供应链上不同成员的整合，形成类似于单一大型企业的结构。在纵向集成型关系中，各供应链成员虽保持独立，拥有自主的经营决策权，但通过信息的全面共享，这些成员能够深刻理解供应链作为一个整体的共同目标，并自觉做出有利于整体而非个体的决策。然而，由于此类关系的复杂性和管理难度较高，其目前在实际操作中较少形成。

4.3.4　供应商关系管理

在考量供应商所提供的物料价值、供应商对企业的重要性及潜在的供应风险等多重要素后，企业可依据这些要素将供应商关系细致地划分为多种不同的模式。每种模式均基于对采购关系的卡拉杰克矩阵的综合分析得出，进而形成一系列针对性的管理策略。这种划分方式有助于企业更有效地识别与利用各类供应商资源，以实现更高效的供应商关系管理。

1. 供应商关系管理的卡拉杰克矩阵

供应风险涉及采购阶段及物料质量方面的不可预测性，同时也涵盖了客户特定需求的多样性及原材料的稀缺性等因素。物料价值则指的是物料对产品利润的贡献程度。

企业依据供应风险与物料价值对供应商关系进行分类，从而确定了 4 种不同的类型，它们分别是战略关系、杠杆关系、瓶颈关系及一般关系，这一分类体系亦被称为卡拉杰克矩阵。

供应商关系管理的卡拉杰克矩阵如图 4.3.5 所示。

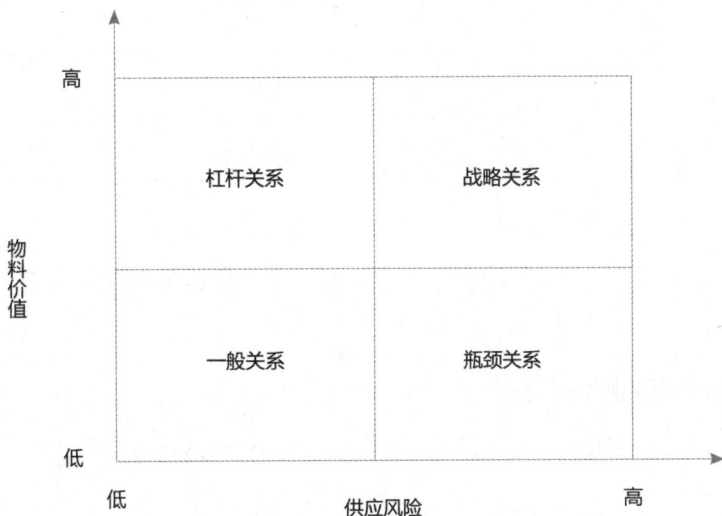

图 4.3.5 供应商关系管理的卡拉杰克矩阵

（1）战略关系。此类供应商关系主要涉及提供价值与供应风险均较高的物料。通常情况下，物料种类较为有限，价值较高，且采购的提前期较短。

例如，对于某企业而言，其产品中不可或缺的进口电容配件，采购提前期长达 3 个月，且供应商的发货时间经常出现延迟。在供应商所在国公众假期较多的 7、8 月，供应商往往会减少生产甚至完全停产。因此，该企业将相关供应商升级为战略供应商，积极设置安全库存，调整采购频次，并将管理决策权赋予采购总监，以强化管理。

（2）杠杆关系。此类供应商关系主要涉及提供价值较高、供应风险较低的物料。这些物料具有较高的价值，且它们的标准化和体系化程度也较高，市场需求在数量和质量上均表现出相对的稳定性，因此供应风险也相对较低。

例如，某企业所采用的电缆为免检材料，且为通用类型，供应商常年备有固定数量的库存。对于此类物料的供应商，企业主要将管理决策权交给经验丰富的采购人员。

（3）瓶颈关系。此类供应商关系主要涉及提供价值较低、供应风险较高的物料。这些物料的价值不高，且其供应质量也往往难以保持稳定。同时，供应商可能因各种原因无法按时交货，从而影响企业生产进度。以某行业所需的配件为例，其价值不高，且目前全国仅有 4 ~ 5 家企业能够生产，这些企业的年产量总和难以满足国内全部需求。针对此类供应商，企业应指派经验更为丰富的采购经理负责管理。

（4）一般关系。此类供应商关系涉及提供价值与供应风险均较低的物料。例如，常见的标准件、外包装材料及普通配件等均属于此类物料。鉴于市场上此类供应商众多，采购周期短且供货迅速，企业往往仅需指派初级采购人员对此类供应商进行管理。

2. 卡拉杰克矩阵的管理策略

卡拉杰克矩阵的管理策略应当依据上述 4 种关系的特征，逐一制定。

（1）战略关系。在面临较高供应风险的战略关系中，企业宜采用订单驱动的策略，并通过实施 MRP 来进行管理。

基于 MRP 和每个产品的完工时间企业可倒排生产计划。

在处理与战略关系供应商的合作事宜时，为确保合作的顺畅进行，企业需采取一系列严谨的管理措施。首先，应定期对预测方法和结果进行回顾，并根据实际情况及时对预测方法进行调整，以确保预测结果的合理性和准确性。其次，应保持对安全库存、采购批量等关键参数的持续维护，并根据物料使用的具体状况对参数进行必要的修订。针对那些存在较高供应风险的物料，企业应深入分析供应商的合作规律、交货时间和质量情况，据此进行灵活调整生产计划，以最大限度地保障供应链的稳健运行。

（2）杠杆关系。在面对杠杆关系供应商时，我们推荐采用 VMI，这一方式的核心目标是通过构建由供应商管理的库存体系，实现企业与供应商双方成本的降低。具体而言，企业将与供应商达成协议，并依据协议的执行情况对协议进行必要的优化调整。

以某企业与杠杆关系供应商 A 公司为例，双方已签署相关协议，明确 A 公司负责物料库存的管理，包括物料库存状况和配送业务信息的提供。某企业则负责设定物料的补货点、最大及最小库存量，并确保这些信息得到及时更新和维护。在内部的生产过程中，企业采用看板系统，通过生产订单拉动物料需求，确保物料能够及时从 A 公司仓库运送到生产现场。只有在物料运送完成后，其所有权才会发生转移。

这种合作模式对于解决杠杆关系供应商管理中的预测和订单不准确问题具有显著效果。它不仅能够保障生产的持续稳定进行，还能在很大程度上降低企业的库存成本。

（3）瓶颈关系。瓶颈关系供应商所提供的价值并不显著，且其供应风险相对较高。即便企业在一段时间内订货量较大，也不会导致过多的资金占用和库存积压。因此，此类供应商管理的核心在于确保供应的稳定性。

在管理瓶颈关系供应商的过程中，可采用再订货点（Re-Order Point，ROP）策略。具体而言，当企业当前的物料库存量降至预先设定的再订货点阈值时，企业应依据既定规则下达新的采购订单。企业在实施此管理策略时，需综合考虑采购提前期、物料价值、供应风险等级等因素来设定再订货点。通常建议设置 2 ~ 3 个月的备用库存量，以最大限度地减少供应环节可能出现的风险。

（4）在一般关系的供应商管理中，鉴于物料价值与供应风险均较低，企业可采取简洁高效的管理策略，如看板式或两箱式管理模式。企业应要求采购人员定期对生产现场进行巡视，一旦发现看板预警或空箱出现，便迅速通知一般关系供应商及时补货。由于此类供应商通常对物料保有一定库存，因此能在较短时间内完成配送。

4.3.5 供应商稽核管理

供应商稽核的首要宗旨，体现在其时间维度下的战略目标细化之中，主要包括对既有状态的回溯性核实，以及对未来走向的前瞻性预测。在明确此宗旨的基础上，企业方能有效规划稽核流程，确保其层层递进、有序进行。

1. 稽核目的

企业开展供应商稽核旨在全面确保所提供的产品或服务能充分满足客户需求，同时通过对各供应商的评估与比较，实现与优质供应商的长期战略合作，而对表现不佳的供应商则采取相应的终止合作措施。在此过程中，稽核工作不局限于对特定事项的考查判断，而应深入探究当前供应商所展现的优劣势，分析其原因及发展趋势，从而推动供应商在业绩上的持续进步，为双方未来合作的高效性奠定坚实基础。

2. 稽核方法

供应商稽核所涉及的因素较多，企业需要建立便于使用和调整的供应商稽核体系，其中重点为规则、方式、人员和流程的确定。

（1）确定规则。企业应预先确定供应商稽核规则，即稽核过程应遵守的主要原则。

供应商稽核规则如图 4.3.6 所示。

图 4.3.6　供应商稽核规则

①系统全面原则。企业对供应商的稽核应当系统而全面，能够真实地综合反映供应商当前的整体水平，并且能够展示供应商的发展潜力。

②简明科学原则。在对供应商进行稽核时，企业应重视评价指标的构建，确保其既不过于复杂且层次众多，也不过分关注细枝末节，又不过于琐碎、层次不足。

③稳定可比原则。供应商稽核体系应当便于与其他类似体系（如企业评估与甄选供应商的体系）进行对照比较。

④灵活可操作原则。供应商稽核体系需具备灵活性与可操作性，以便企业能够依据自身发展状况、环境变化趋势及供求关系的实际变动，有效地执行稽核工作。

（2）确定方式。企业应建立严谨且明确的供应商稽核机制。首先，需明确界定供应商稽核的具体内容，确保其涵盖从产品采购到验货收货的各个环节，形成供应商稽核体系。其次，应设定合理的供应商稽核周期，通常建议以自然年为基准，即每年至少对供应商进行一次全面稽核；若稽核指标内容发生变动，应提前向供应商进行公告，以确保信息透明和沟通顺畅。最后，在稽核过程中，应运用规范的表格工具，详细记录供应商在交易过程中出现的问题，尤其要重点关注与产品质量和客户需求相关的方面，具体指标包括但不限于产品质量、交货期、交货量、差错情况、价格、进货费用、信用度及配合度等，以确保稽核结果的有效性和准确性。

（3）确定人员。企业应选取不同部门的员工，成立稽核小组。稽核小组预先将职责明确分配至每个成员，依据各成员的专业职能进行细致的分工，对供应商在既定周期内的业绩表现进行审查、评估及监督。

（4）确定流程。企业需构建与行业特性、自身条件及供应商特点相契合的稽核流程。常见稽核流程如图 4.3.7 所示。

图 4.3.7　常见稽核流程

①企业采购部门负责制订供应商稽核计划，待部门经理审核后，将其呈交负责供应链管理的高级管理人员审批。

②搜集企业供应商的相关信息，并依照稽核规则对供应商进行细致分类。

③组建稽核团队，并对团队成员进行有关稽核工作的专业培训；同时，根据供应商稽核计划制定稽核表，明确相应的评估指标。

④将稽核表分发给稽核团队成员，待对指定供应商完成稽核后，收集并汇总稽核表。

⑤依据稽核团队所填写的稽核表，根据每家供应商的具体评分结果，撰写详尽的稽核报告。对于被评定为优秀的供应商，采取相应的奖励措施；对于被评定为不合格的供应商，采取相应的惩罚措施，并分别发出执行通知。

⑥确保稽核相关资料的完整性，并对其进行系统化归档。

4.3.6　供应商绩效管理

供应商绩效管理的核心宗旨在于构建企业与供应商间的稳固合作关系，进而在供应链运作过程中实现双方的互利共赢。此过程不仅涉及对供应商的积极支持与指导，更涵盖了构建全面、系统、客观的绩效监控体系，以确保对供应链整体业绩进行精准、详尽的评估。最终，这一管理策略旨在推动企业战略目标的顺利实现。

1. 绩效评估标准

企业需首先明确各类供应商绩效评估标准的定义，并将其细化为不同的内容，以确保评估标准的具体化。

（1）质量。产品或服务的质量是衡量供应商绩效的核心指标之一。企业在对质量的要求上，不应仅满足于"好"的层面，更应注重其稳定性。这是因为，供应商原料质量的长期表现将直接关系到成品质量的稳定性，进而对企业的声誉和市场竞争力产生深远影响。

因此，企业应确立清晰、明确的质量标准，并向供应商明确提出这些标准。同时，供应商也应为此建立专门的质量控制体系，确保提供的原料符合企业的质量标准。

在确立质量标准时，企业应充分考虑不同行业的特性和需求。此外，企业也可以借鉴和采用不同行业的质量标准，以确保质量控制的科学性和有效性。

当前，主要的质量管理体系有 ISO9000、ISO14000 等，特定行业如汽车制造业有 QS9000、通信行业有 TL9000 等。

除质量标准外，企业亦可针对生产运营的关键环节为供应商设定评估指标，例如供应商是否在关键工序中设立了质量控制点并进行记录，检验人员的教育背景与专业素质状况，供应商是否在过去一年内通过了国家的检验、科研机构的评估或获得了相关奖励，等等。

（2）成本。成本指标主要涵盖价格成本与非价格成本。不同于价格成本，非价格成本往往难以进行量化分析。具体成本考核要素包括价格竞争力、调价来源、成本降幅、成本节约率等。

（3）交付绩效。这一指标主要依据供应商的交付行为制定，具体涵盖供应商交货的及时性、供货弹性能力的扩展、样品生产的及时性、送货数量的稳定性及特定产品计划的遵守情况等方面。

（4）服务和响应。服务方面的评估内容主要包括售后服务能力，具体体现在产品的配套服务水平、与企业共同寻求改进的态度与行动、在新产品开发中的主动参与情况及实际成果，以及发票等单据的精确性等方面。同时，响应能力亦是重要评估点，涵盖企业订单处理周期、咨询报价响应时效、新项目参与程度、质量问题的解决时效，以及异常处理和投诉处理的效率。这一指标评估的核心在于考察供应商在订单处理、交付执行、质量保障、投诉响应等方面是否展现出较快的反应速度和较强的执行力度，其回复内容是否详尽完整，以及其在退货、挑选、比对、查询等方面是否能迅速且妥善地解决相关问题。

（5）推进创新。创新方面的供应商评估指标涵盖了工艺技术的先进性、持续的研发能力、产品设计能力及对技术问题的应对能力等方面。这些指标能够反映供应商的潜力。

2. 绩效管理方式

供应商绩效管理需遵循严谨、系统的方法论，这主要包括绩效数据的精确收集、深入分析及合理应用。

（1）绩效数据的精确收集。在与供应商的广泛交流与协作中，企业内不同层级、不同职能的部门及岗位，能够观察到供应商在多个方面的表现。为确保数据的准确性和完整性，企业应明确划分数据收集的责任，形成具体的分工。依据"谁收集、谁提供"的原则，各部门需负责收集并提供供应商在各自职能领域内的绩效数据，以此作为绩效评估结果的有力支撑，确保评估的科学性和客观性。

（2）绩效数据的深入分析。对于收集到的绩效数据，企业应采用科学、系统的分析方法进行处理。分析方法主要包括定性分析法、定量分析法和定性定量相结合的分析法。其中，定性分析法侧重于通过直观判断、历史记录对比及不同部门、岗位上决策者或执行者的直接感受，对供应商的绩效表现进行全面、深入的分析和判断。定量分析法涵盖了关键绩效指标分析法、平衡计分卡等多种形式。企业会将质量、交付、价格、服务水平等方面最为关键且影响显著的指标挑选出来，并据此采用量化手段对供应商进行评分。例如，在质量方面，关键绩效指标包括来料批次一次检验合格率、来料抽检缺陷率、来料在线报废率等。通过计算这些数据，结合加权方法，可以得出供应商的绩效评估结果。

鉴于定性分析法与定量分析法在实际应用中各有其优势与局限性，企业应根据具体情况，将这两种分析方法综合运用，以全面评估供应商的绩效数据。

（3）绩效数据的合理应用。企业必须将供应商的绩效评估结果充分运用于下一周期的供应商开发、管理和改善过程，这是供应商关系管理系统优化中不可或缺的环节。企业应依据绩效评估结果，对供应商进行级别划分，并根据供应商的级别，适时调整合作策略，以避免遭受损失。

企业应充分利用绩效评估结果，构建具有量化指导性的供应商辅导体系，并积极推动如供应商质量工程师（Supplier Quality Engineer，SQE）等关键岗位的建设，以全面促进供应商的改进与成长。同时，基于对供应链整体战略目标的考量，企业应灵活调整合作模式，以减少合作中的摩擦与矛盾，实现供应链各方共赢，从而推动共同收益的稳步提升。

4.3.7　供应商风险管理

供应商风险指的是供应商在经营活动中存在的不确定性因素可能对企业造成影响，并进一步损害整个供应链的利益。为妥善应对合作过程中可能出现的供应商风险，企业应在充分认识风险潜在危害的前提下，采取分阶段管理的策略，以规避潜在的危害。

供应商风险的类型如图 4.3.8 所示。

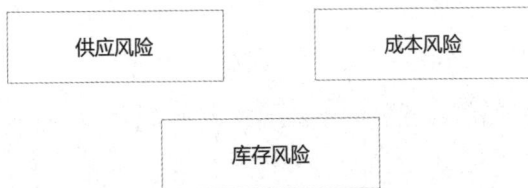

图 4.3.8　供应商风险

1. 供应风险

供应风险是指供应商未能履行事先约定的协议条款，从而对企业利益造成潜在损害的风险。从表面现象来看，供应风险似乎是突然降临的，对双方合作关系构成直接冲击。然而，其背后的成因却错综复杂，可能包括供应计划不合理、供应流程过于烦琐，抑或并非供应商自身问题，而是其上游环节出现问题。

为有效防范供应风险，企业首要之务在于挑选合适的供应商。这要求企业在战略层面进行供应商的甄选、识别、开发与管理，确保供应商选择的严谨性与科学性。然而，令人遗憾的是，这些工作常被企业忽视。众多中小企业在供应商选择方面缺乏明确的战略及完善的供应商开发、评估与筛选机制，有时甚至出现由研发部门独自确定供应商的现象。每当企业推出新产品，便会增加一批新的供应商，这在无形中也增加了供应风险。

同时，企业需加强对供应商的日常绩效管理。任何风险的爆发都有其先兆，这些先兆往往表现为各种小问题。通过日常绩效管理，企业不仅能够促进供应商的持续进步，提升其应对风险的能力，还能及时发现供应风险的先兆。例如，企业可以从供应商的交货准时率、员工沟通表现，乃至送货司机的言行举止中，洞察供应商的整体经营状况。

具体而言，企业可着重采取以下措施以预防供应风险。

（1）开展供应商能力调查与评估，预防潜在风险。

（2）对高价值、高风险的物料供应商进行分散，避免物料来源单一，从而降低风险发生时可能造成的损害。

（3）优化沟通机制，确保信息的对称性，以便及早发现并迅速解决可能出现的问题。

2. 成本风险

企业所面临的成本风险主要表现为价格的波动性。若在某一合作周期结束后，供应商以提高价格的方式将成本提升至企业难以接受的水平，则会引发成本风险。

面临成本风险时，企业的经营策略、盈利规划及战略竞争布局均可能遭受威胁，原有的内外部平衡状态极易遭到破坏。

企业降低成本风险的策略主要包括以下几方面。

（1）通过合同形式确立定价机制，降低价格波动带来的风险。

（2）通过供应商开发与管理标准的优化，提升与供应商之间的协作效率，从而降低相关成本风险。

（3）促使供应商早期参与项目，从根本上降低成本风险。

（4）与供应商构建长期合作关系，深入挖掘其合作潜力。

3. 库存风险

库存风险作为众多企业共同面临的挑战，具有显著的现实意义。库存，即企业在正常生产过程中形成的非直接生产用物料，涵盖原材料、成品、在制品及在途物资等。库存对于确保企业运营的连续性具有不可或缺的作用，然而，保持一定的库存亦是企业面对市场不确定性时的一种无奈选择。当库存积压过多时，将占用企业宝贵的资金、场地及人力资源；同时，库存在长期的保管过程中，亦可能因环境变化或意外事故而损失其价值。

为了应对这一风险，部分企业采用 JIT 策略以减少库存积压。然而，库存量过低亦可能引发供应风险，影响企业的正常生产流程，无法满足客户需求，进而削弱供应链的整体盈利能力，特别是在渠道供应链与敏捷供应链中。因此，如何有效降低库存风险，维持库存水平的合理性，已成为供应链管理中亟待解决的重要问题。以下是针对此问题提出的主要解决方案。

（1）企业与供应商共同进行需求预测，协同管理，并实现信息的透明共享。

（2）针对不同的供应商，提出差异化的库存管理策略建议，以实现风险的对冲与分散。

（3）将企业供应链管理的关键环节提前，从上游库存管理入手，以预防库存风险。

（4）提高供应链的响应速度，强化对内部管理中信息流的控制。

4.4　供应链管理流程设计

在供应链的流程与组织构建中，管理流程的引入旨在实现供应商、配送商等合作伙伴与企业的紧密衔接，进而使企业与客户需求形成稳固的关联，从而将市场各阶段的利益紧密捆绑。供应链管理流程的设计初衷，是确保整个供应链能够创造更高的价值，降低不必要的成本，并谋求长远的经济利益。

4.4.1　采购计划与预算管理

在供应链管理流程中，采购计划与预算管理的流程至关重要，其执行情况在很大程度上决定了整个供应链管理流程的效能。

1. 采购计划

采购计划构成企业供应链管理策略的关键部分。企业在物料采购过程中，必须预先对采购目标、时间、地点等关键因素进行考虑，进而制订并执行采购计划，并在必要时对其进行相应的调整。

采购计划一般涵盖年度采购计划与月度采购计划。通常情况下，企业领导者负责审批年度采购计划，而具体的采购部门则基于年度采购计划制订月度采购计划，并负责实施采购活动。

（1）采购计划的内容。采购计划的构成要素包括采购的必要性、采购方式、采购目标、采购数量及采购时间等。恰当的采购内容有助于企业领导者进行分类规划，并有序地制定出合理的采购策略。

（2）采购计划的制订。采购计划的制订构成了整个采购流程的序幕，其包含的步骤涉及明确需求、分析采购环境等。

（3）采购计划的执行。为防止执行过程中出现随意性及资金问题，企业必须加强对采购计划的管理，其具体工作应聚焦于提升执行过程的精确性。同时企业应合理构建采购系统并设定安全库存。在采购计划执行环节，采购部门需与计划部门主动沟通、共同协作，确保采购计划的执行能够得到各部门的理解与支持。

（4）采购计划的反馈。采购计划的反馈效率取决于采购部门与供应商之间互动的质量。采购部门与供应商之间的沟通不应仅限于电话、电子邮件或面对面交流，双方应构建一个信息系统，以实现采购信息的实时传递。

2. 预算管理

预算管理指企业在特定采购计划执行期间制订专门资金使用计划并进行计划实施过程及结果管理。它能够确保企业采购计划的顺利实施，并使采购目标与企业战略目标保持高度一致。

预算管理的核心在于挑选合适的预算编制方法及工具。企业通常采用的采购预算编制方法及工具包括以下几种。

（1）趋势分析法。趋势分析法可通过分布图或时间序列模型对企业预算进行深入研究。该方法主要依据历史数据进行分析，而这些数据通常可从企业的过往经营记录中获取。然而，必须指出，趋势分析法并非绝对精确，其主要功能在于预测未来预算执行过程中可能出现的偏离趋势的事件。

（2）线性规划。企业通过对由线性等式或不等式构成的约束条件进行研究，能够有效地评估预算规划与执行的成效，并解决在采购流程中遭遇的难题。

（3）回归分析。采用这种测量工具，企业能够以客观、量化的方式描述未来采购过程中各主要变量之间的相互影响。实际上，在编制预算方案时，需要全面考虑多个关键变量，如价格、成本、业务量等。企业在预算方案编制初期难以精确预测这些变量的变化，因此采用回归分析可以评估其未来变化的可能性。通过计算概率，企业能够实现对各类变量的主动调整和优化。

此外，企业应高度重视影响预算管理的各类因素，包括但不限于采购环境、销售计划、用料清单、存量管制、标准成本及生产效率等。在预算执行的初期阶段，采购部门可能面临采购需求及价格预测的不确定性。然而，通过持续对供求市场进行分析，采购部门能够全面评估这些因素，为预算方案编制提供有力支持，进而提高企业的采购效率。这样，企业不仅能够确保预算的准确性和合理性，还能够显著提升采购效率和整体运营效益。

4.4.2　采购交期管理

采购交期管理是指企业在正式发出采购订单或签订采购合约后，为确保在约定期限内顺利获取所需原材料或产品，而采取一系列系统性管理措施。通过实施采购交期管理，企业能够确保生产活动所需原材料的及时供应，从而保障自身正常的经营运作。

为有效实施采购交期管理，企业应聚焦于监控、跟催与改善等关键环节，并持续优化相关工作内容，以提高管理效率，确保采购活动的顺利进行。

1. 合理设计采购交货期限

为确保采购交货期限的合理性，企业应当精心规划申请、统计、采购评估、供应商准备、生产、检验及交付运输等各个环节的具体时间。采购交货期限的设计应避免过于紧迫或过于宽裕，以维持流程的顺畅与高效。即便早于采购交货期限交货，亦可能对企业成本产生不利影响。例如，某物料过早到货可能引发其他物料交货的滞后，进而可能因库存积压而增加资金占用，造成财务压力。因此，企业需审慎考虑并精确控制采购交货期限，以确保供应链的稳定与成本效益的优化。

2. 开展跟催

在签订采购合同时，企业应预先明确跟催的严格程度。若采购的物料不属于关键类别，则仅需执行常规跟催，同时需留意是否能按时获取验收报告，并可通过电话、电子邮件等通信方式查询供应进度。然而，若采购的物料至关重要，可能对企业的运营产生影响，则必须实施更为频繁的跟催措施。

在跟催过程中，企业应着重审查供应商执行供应计划的情况，通过多种途径掌握供应进度，这些途径包括但不限于供应商的生产资料、生产汇报、定期进度报告等。在必要时，企业还应考虑前往供应商工厂进行实地考察，并将考察结果及时反馈给供应商。

具体跟催步骤如下。

（1）合同签订后，需即刻要求供应商提供详尽的生产计划及进度安排表。

（2）应定期通过电话咨询或派遣采购部门成员前往供应商处，以掌握生产进度。

（3）建立一套跟催报表体系，确保准确掌握实际生产进度。

（4）根据目前累积的交货成果，编制报表或提醒单，及时向供应商通报，以便其采取相应的改进措施。

3. 进行有效奖惩

在签订采购合同时，企业必须特别强调违约责任与解约责任，以确保供应商不会因侥幸心理而进行试探。若企业需求紧迫，亦可考虑对能提前交付货品的供应商进行奖励，或提供提前付款等优惠条件。

4. 针对交货期限异常情况的改善方法

企业可依据影响供应商交货期限的各种因素，针对交货期限异常情况实施相应的改善方法，具体内容如表 4.4.1 所示。

表 4.4.1　针对交货期限异常情况实施相应的改善方法及其说明

方法	说明
缩短前置时间	选择与具有合理程序、稳定交付历史的供应商签订合同，提前与其协商制定采购作业计划进度表，严格管理采购进度
减少供应商生产困难	改善供应商生产准备过程，提高其生产排产弹性，减少生产时间。例如，要求其购买新机器设备，对产品工艺流程进行变更，对产品生产制作过程进行分析和改善，等等
解决供应商生产问题	生产问题的频繁出现必然会影响单位时间内的生产数量，也会导致交货期限的延缓。采购部门需要协助供应商解决生产问题，以有效缩短生产时间
减少运送时间	尽量选择当地的供应商，减少运送时间，也可以选择交付稳定、价格合理、运输能力强的货运合作商
准时制采购	采用准时制采购，有利于减少库存，提高准时交付率
缩短沟通时间	与供应商共同努力，应用有效采购作业流程来缩短沟通时间，减少沟通阻碍，提高信息传输率
减少变化风险	采购部门要事前与供应商充分沟通，确保供应商了解企业的实际需求；并通过对供应商产能特点的分析和了解，减少因供应商更改采购数量、工艺、设备而造成的风险

通过上述方法，企业能够与供应商协作，有效解决交货期限异常问题。

4.4.3　采购成本管理

采购成本是指企业在采购过程中所承担的所有直接及间接成本，它涵盖了市场调研、采购决策、供应商开发、原材料生产和交付、库存管理、质量检测、售后服务及持续改进等环节产生的所有费用。企业实行采购成本管理，并非仅仅为了以最低成本获取原材料，更是为了在实现战略目标的全过程中，能够最大限度地利用供应商资源，以降低整体的采购成本。

采购成本管理的效能与企业制定的供需关系策略及选择的成本控制方法之间

存在着紧密的联系。

1. 供需关系策略

在物料的供应链管理上，企业应秉持积极主动的态度，灵活调整供需关系，而非过分依赖与特定供应商的长期固定合作。此类固定合作模式可能削弱企业与市场整体的关联性，最终导致企业在成本控制上处于被动局面。

在制定供需关系策略时，企业需兼顾生产经营的稳定性与战略层面的主动性。一方面，为确保生产经营的稳定性，企业可采取定点供应策略；另一方面，为保持战略层面的主动性，企业应积极接触新的供应商，激发供应商之间的竞争活力。总之，企业应持续开拓新的供应渠道，并对无法适应市场变化的供应商进行适时淘汰。

在采购重要物料时，企业应充分利用不同供应商之间的竞争态势，在质量、价格、交货期限等方面争取最大利益。面对多样化的供应商，企业应根据实际需求与价值对它们进行细致分类，如将它们分成主要供应商、次要供应商、辅助供应商等，并据此分配不同的开发资源和订单规模。这样的策略有助于降低因单一供应商过于强势而带来的潜在风险。

2. 采购成本控制方法

在采购成本控制领域，常见的方法包括价值分析法、集中采购法、目标成本法、作业成本法及学习曲线分析法等。

（1）价值分析法。企业通过跨部门的协同合作，对所采购产品的功能与成本进行综合评估，以实现以最小成本获取所需产品的目标。例如，企业可要求供应商简化产品设计，采用替代性材料或流程以降低开支。同时，企业亦可选择价格更低的运输服务商，或采用更经济的运输方式。然而，实施价值分析法，必须确保不干扰供应链其他环节的正常运作。

（2）集中采购法。企业可将来自不同客户、部门及产品线的需求汇总，实行集中采购，以期获得更优惠的价格。在集中采购法的具体实施过程中，需求量最大的部门应负责整合采购总量，并负责谈判。此做法有助于采购部门与需求部门之间的深度融合，进而促进企业内部协作效率的提升。

（3）目标成本法。目标成本法起源于 20 世纪 60 年代，由日本丰田汽车公司首创。该方法允许企业在确保获得既定目标利润的基础上，结合市场定价，通过逆向计算得出目标成本。

通过设定目标成本，企业得以持续对供应商的产品设计和生产流程提出建议并进行指导，从而有效地将成本压力传递下去。同时，采购部门亦可根据不同原材料的目标成本执行采购任务，确保企业能够以既定成本向最终客户供应产品。

（4）作业成本法。通过对供应商生产作业成本的分析与核算，企业得以确认和量化所投入的资源，并将这些资源的成本分摊至各个作业环节，进而将成本转化为最终产品的价值。

作业成本法已超越了传统成本核算的范畴，转而采用多维度的视角，以确保生产作业流程能够提供更精确的成本数据，从而提高企业及其供应商在成本控制方面的精确度。在采购成本管理的具体实施过程中，企业能够依据不同原材料及不同需求部门，对采购间接成本进行合理分配，并对不同原材料实际承担的采购间接成本进行科学评估。

（5）学习曲线分析法。在劳动密集型产业中，随着客户订单产品数量的增长，员工的作业技能相应提升。这通常是因为采购量的增加导致生产效率的提高和管理成本的降低，进而促使产品成本和采购成本下降。学习曲线，亦称作改善曲线，它展示了生产数量与生产这些产品所需工时之间的经验性关系。简而言之，随着员工对某项任务的不断重复，或工厂对某产品的大量生产，生产单位产品所需工时显著减少，成本亦随之降低。

在运用学习曲线分析法的过程中，企业可以要求供应商提供详细的报价明细单。该明细单应包含固定费用和可变费用，供应商需分别计算和核定这两项费用，以便企业评估报价的合理性并预测未来成本趋势。

3. 一般成本控制方法

无论采取何种具体的采购成本控制方法，均能结合以下一般成本控制方法，以达到理想的控制效果。

（1）公开或邀请招标。在一般情况下，企业有权对大宗产品、原材料、物资等进行公开或邀请招标。此方法既遵循法律法规，又彰显市场竞争原则，同时能够有效降低采购成本、提升采购品质，进而控制采购支出。

（2）分类采购法。企业可将采购项目细分为 3 个类别。其中，A 类包括重点产品或原材料，如价值较高的设备。B 类通常涵盖价值适中的常规产品或原材料。而 C 类则包含价值较低且对项目总体成本影响较小的辅助性产品或原材料。

在实施分类采购法的过程中，企业必须依据采购对象的特定分类，制定相应的采购成本控制策略，并聚焦于 A 类和 B 类。

（3）延长采购合同期限。对于 C 类，企业宜尽可能延长采购合同期限，例如签订年度供需合同等。此方法能够确保企业获取优惠价格，降低采购成本，并缩短供应商供货周期。同时，鉴于辅助性产品或原材料的消耗量大且应用范围广泛，签订长期采购合同有利于获取后续的维护和售后服务。

4.4.4　采购质量管理

采购质量管理，作为企业质量管理体系中不可或缺的一环，其关键要素源于采购全面质量管理的核心理念。为构建严密、高效、全面的采购质量管理体系，确保采购质量的持续提升，企业必须充分激发采购人员的积极性，使他们共同致力于采购质量的提升。

1. 采购质量控制程序

采购质量控制程序是指企业为确保采购质量的稳定与提升，运用系统化的方法，构建完善的组织结构，进而将采购过程中涉及的各部门、各环节管理活动有机整合，形成一套责任分明、权限清晰的采购质量控制体系。当此体系按照既定程序高效运作时，将从组织与制度层面，对采购质量实施强有力的监控，确保采购质量控制过程有章可循。

采购质量控制程序的建立，是一项需要企业全体员工共同参与的重要任务，其涵盖的具体工作包括以下几个方面。

（1）普及现代采购质量管理理念，强化质量教育，树立各部门的质量意识。

（2）强化采购流程的监督管理，对采购流程的各个阶段实施严格管控，确保无遗留问题传递至下一环节。

（3）对采购的基础工作进行全方位的检查，确保日常管理工作的细节得到妥善处理。

（4）构建完善的采购制度体系，对采购的总体目标、计划、方案、标准、部门职责、岗位设置及责任归属进行规范化约束。

2. 采购物资控制检验规划

企业与供应商签订的采购合同中，应明确包含对采购物资的控制检验规划。该检验规划需在合同签署完毕之前，经双方协商一致，形成补充协议。

采购物资控制检验规划所涵盖的主要内容如下。

（1）双方在采购合同中应明确约定企业是否拥有在供应商场地进行检验活动的权利。

（2）双方应就供应商为协助检验所提供的设施、工具或记录行动达成一致。

（3）双方应就因产品质量而承担的最终法律责任达成共识。

（4）与检验规划相关的协议应明确规定双方交换检验数据的方式，以促进检验质量的提升。

3. 物资检验流程

企业需对物资检验流程进行明确界定，并将其纳入质量管理体系及采购合同之中。物资检验之核心流程如下。

（1）检验准备工作。这涉及场地与设施的准备、检验工具的准备及检验资料的准备等多个方面。场地与设施、检验工具、检验资料等要素均需详尽明确。

（2）凭证核对。具体部门的人员需对产品或原材料的发票、运单、质量证明等进行核对，以确认其是否符合进货计划。

（3）外观检验。在初步检验过程中，主要采用目测方式对产品或原材料的外观进行检验。检验内容包括规格、尺寸、型号、颜色、完整性等，检验结果应写在检验记录中。

（4）数量检验。对产品或原材料的数量进行检验时，应采用点数、称重、度量等方法。对于分批进场的产品，应按照批次分别进行检验。

（5）验收程序。在检验团队确认外观与数量无误后，应采取不同方式完成验收程序。企业应规定由具体收货人根据收货凭证和验收数量，填写物资验收入库单。

4. 结果处理

检验结束后，对于所得结果的处理方法亦应确立相应的制度规范。

（1）若发现产品或原材料质量未达到既定标准，应立即向技术部门提出质量鉴定请求，并邀请供应商参与共同鉴定。在鉴定结果出来之前，相关产品或原材料不得存入企业仓库，亦不得分发至生产部门，而应予以妥善保管，并明确标注"待检"字样。

（2）若发现产品或原材料数量存在差异，且该差异在双方事先约定的可接受范围内，则应予以接受，并按照实际验收数量进行入库处理，同时详细记录验收情况。若差异超出可接受范围，则需上报至企业相关部门，在问题得到妥善解决之前，不得使用该产品或原材料。

4.4.5 库存与物流管理

为确保生产经营活动的持续性和稳定性，企业需严格按照既定采购计划对库存与物流资源实施精细化调度和规划。此项管理举措旨在实现双重目标：一方面，保障企业原材料供应的连续性和顺畅性，确保生产环节不受物资短缺影响；另一方面，优化资源配置，降低各环节的采购成本，提高企业经济效益。因此，企业必须审慎选择合适的库存和物流管理模式，以确保管理工作的科学性和有效性。

1. 库存管理

库存指的是企业仓库内储存的物资，从广义上讲，库存亦涵盖在运输途中或生产现场的物资。这些物资是企业为了满足其生产经营活动需要而采购的资源。库存既具有显著的价值，同时也会产生相应的成本，因此，其管理策略直接关联到企业策略的制定。

在制定库存管理策略时，必须严格遵守以下原则。

（1）符合生产运营模式。库存管理策略必须符合企业的生产运营模式，避免单纯为了管理库存而进行管理。

（2）调控生产计划与运营活动。库存管理策略应当致力于协助企业调整和控制其战略规划中的具体生产计划及运营活动。

（3）提升采购与供应能力。通过实施库存管理策略，企业能够显著增强其采购与供应能力。

（4）确保资金流安全。通过实施库存管理策略，企业能够保障资金流动的安全性。

（5）平衡风险与效益。企业在实施任何库存管理策略时，均应积极寻求风险与收益之间的平衡。

（6）提高库存周转率与减少供应成本。库存管理策略应致力于全面提升企业的经济效益，通过提高库存周转率来减少供应成本。

（7）企业应根据其供应链的独特性，制定相应的库存管理策略。不同供应链的库存管理要点如表 4.4.2 所示。

表 4.4.2　不同供应链的库存管理要点

	精益供应链	渠道供应链	柔性供应链	敏捷供应链
产品特性	种类少、数量多	种类多、数量多	种类少、数量少	种类多、数量少
生产或服务方式	按订单生产	按库存生产	按订单设计	按订单装配
库存管理要点	趋近于零库存，运营成本最低	安全库存管理模式	低库存，按订单交付，以满足个性化需求	适当库存，快速响应

2. 物流管理

物流管理的核心内容如下。

（1）选择运输方式。企业需依据生产计划，针对各类物料的特性，确定物料的运输方式。在选择运输方式时，企业不应仅考量成本，还应充分考虑不同运输方式的安全性和效率等。例如，铁路运输方式中，整列、成组、整车、零担、包裹等不同方式，各有其特点。成组或整车运输可能需要更长的时间，而零担或包裹运输则可能需要更高的费用。因此，企业应对各种运输方式的速度、成本和可靠性进行综合评估，以选择最符合自身需求的运输方式。

（2）明确运输包装。现代物流管理理念指出，运输包装既是前一生产阶段的终结，亦是物流的起始。运输包装不仅承载着物流的价值与功能，而且对物料起到了至关重要的保护作用。特别地，运输包装与运输成本紧密相关，其尺寸、形态及所用材料在很大程度上决定了运输的效率，其成本常常占综合物流成本的1/10。

因此，企业需积极调整运输包装与物流之间的相关性参数，以使二者实现最大限度的相互适应。企业应尽可能采用机械化、集约化、轻量化、标准化的包装方式，以促进运输包装的循环再利用。

（3）设计运输路线。关于运输路线的决策将直接影响企业对运输工具及人力资源的配置。恰当选择运输路线，有助于显著降低运输成本。企业可运用最短路径法、表上作业法等策略，以确定成本最低的运输路线。

（4）运输整合。运输整合指企业通过有效管理多种运输方式，以充分利用运输空间的策略。企业可将持续产出的产品集中起来，进行大批量的运输，同时亦可将来自不同供应商的产品进行整合运输。企业应积极采取措施，通过合理配置运输资源、优化运输比重，以实现运力最大限度的利用。在此过程中，企业还应实施托盘化和成组作业，以进一步提高运输的效率。

4.4.6　其他管理流程

企业在依据自身实际情况制订核心与辅助管理流程规划后，还应针对其他管理流程进行周密设计，并将其进一步细化为不同层级，以确保流程的有效执行。在此过程中，关键控制点的确定尤为重要。

1．合同

合同的关键控制点涉及 3 个方面。

（1）对拟签订合同的供应商进行详尽的风险评估。合同应优先采用框架协议模式，并引入适当的竞争机制。

（2）基于已确定的供应商、采购方式、采购价格等要素，明确采购合同的具体内容，并对合同条款进行精确的描述与审查，以确保企业与供应商的责任、权利和义务得到清晰界定。企业应明确负责签署采购合同的人员。对于影响重大、风险较高或涉及技术、法律等方面的复杂问题的合同，应邀请相关技术人员参与协商、谈判及起草过程。

（3）合同中应明确双方在偶然情况下的责任，例如，对于物料在验收过程中与合同约定数量不符的情况，应制定统一的标准以判断是否可接受。

2. 价格

价格的关键控制点涉及以下两方面。

（1）企业应完善定价机制，通过招标、询比价等多种方式，科学地确定采购价格。特别是对于标准化程度较高、需求计划性强、价格相对稳定的物料，应通过招标、谈判等方式制定采购价格。

（2）企业应对关键物料进行价格成本分析，这涵盖其成本构成要素、市场波动趋势等，可以此作为关键物料价格设定的依据。同时，企业应及时构建价格参考数据库，并定期对这些关键物料的价格动态进行总结分析，以辅助决策过程。

3. 供应商准入

为确保供应链的稳定性和可靠性，企业应构建一套科学的供应商评估和准入机制。此机制应涵盖对供应商资质、信誉、荣誉、宣传内容及承诺的详尽审核，以确保供应商的真实性和合法性，进而形成一份合格的供应商备选清单。若备选清单中需新增供应商，企业须明确规定由采购部门或需求部门根据实际需求提出申请，该申请需遵循企业既定程序，经相关权限人员审批后方可将相关供应商纳入备选清单。此外，在供应商评估和准入机制运行过程中，企业可根据实际需求，委托具备相应资质的中介机构，对供应商的资质和信用进行深入调查。

4. 供应商选择

企业在选择供应商时，应坚守公平、公正及公开竞争的原则，严格遵循评估程序。为此，企业需建立完备的供应商信息管理系统，以及行之有效的供应商淘汰机制。这些系统和机制将用于全面评估供应商提供产品或服务的能力、信誉及其经营状况等多方面因素，确保选择过程的科学性和合理性，对不符合标准的供应商进行及时淘汰，以保障供应链的健康运作。

5. 供应商绩效

企业应基于对供应商的考核评估结果，依据供应周期对供应商绩效进行排序，进而依据排名制作供应商淘汰与更替的清单。企业应根据供应商绩效管理的核心要素进行必要的供应商调整，并在信息共享系统中建立专项记录，以确保所有调整措施均有据可查。

6. 订单管理

订单管理涉及订单的创建与分配两个核心环节。订单管理的关键控制点主要包括以下方面。

（1）企业需依据所需采购物资或服务的种类，赋予不同部门相应的订单申请权，以确保各部门的职责与权限得到明确界定。依据职责与权限的差异，企业应对订单申请进行分类汇总，以便对采购进行统一规划。

（2）拥有订单申请权的部门必须严格按照部门预算执行申请流程，并应根据客观环境与市场需求的变动，提出恰当的订单申请。对于预算外的项目，这些部门应先完成预算调整流程，随后方可提出订单申请。

（3）掌握订单审批与分配权的部门人员应着重审查订单申请的采购内容是否精确无误、是否真正满足部门生产经营需求，以及是否与企业竞争战略相符。在确认符合规定后，企业应根据订单需求特性，向符合要求的供应商分配订单。

7. 付款

付款的关键控制点如下。

（1）企业须确保采购与付款职能在组织架构及业务流程中实现有效分离。财务部门应对采购凭证进行细致审查，确保其真实、合法且有效，从而判断款项是否应当支付。通过此审查流程，企业能够对付款活动进行有效控制与追踪。一旦发现异常情况，财务部门应立即暂停付款流程，并向企业管理层报告，以防止潜在损失。

（2）企业应依据国家相关支付法规，结合自身生产经营的实际情况，选择恰当的付款方式，并严格依照合同条款进行付款。

（3）企业还应加大对预付账款、定金等大额长期款项的管理力度。对于这些款项，企业应实施定期的跟踪与核查，评估管理过程中潜在的风险。一旦发现问题，相关人员应迅速上报，并采取相应措施以确保款项的回收。

4.5　供应链组织设计

供应链是由一系列相互关联、互为依存的组织所构成的网络体系，这些组织通过协同合作，共同推动物流及信息流的高效运行。供应链组织设计的精良程度直接且显著地影响着供应链运行效率的高低。

4.5.1　供应链组织设计的原则

通过深入理解和精准把握供应链组织设计的核心原则，企业能够构建出结构更为完善、功能更为健全的供应链，从而确保运营流程的顺畅，进而巩固其在市场竞争中的优势地位。

供应链组织设计的原则如图 4.5.1 所示。

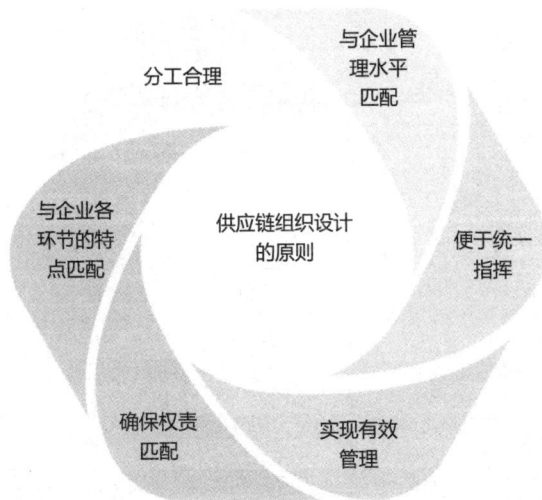

图 4.5.1　供应链组织设计的原则

1. 分工合理

在供应链组织设计的过程中，务必确保分工的严谨性与合理性。分工的实施应采取两种策略——自上而下和自下而上，以确保从基层至顶层的每一层级均能有效参与供应链管理的相关工作。自上而下是将供应链管理工作逐层分解，明确各级职责；自下而上则是将供应链管理工作有效集中，确保整体协同。通过这两种策略，企业能够更精准地设计供应链组织。

在实际进行供应链管理分工时，应由企业高层管理者负责战略规划的制订，并确保这些规划与企业的长远发展目标相契合；随后，再由各部门及各岗位员工根据战略规划具体实施各项规划。

2. 与企业各环节的特点匹配

设计供应链组织时，必须考虑供应链流程的具体特点。为确保供应链准确、灵活且高效地适应市场变化，供应链中各个节点的特点应与企业各环节的特点匹配。

3. 与企业管理水平匹配

供应链管理对企业的每一个关键环节产生深远影响，其既定目标和任务将对企业的各个岗位产生作用，从而形成不同层级、不同规模的管理活动。供应链的管理水平必须与企业的整体管理水平匹配。通常情况下，供应链管理的规模越大，其管理水平亦需越高；分工越细致，供应链组织设计亦越复杂。因此，积极发现并完善具体运行环节中的不足之处，将供应链优化至与企业管理水平相匹配的水平，显得尤为重要。

4. 确保权责匹配

企业应科学地将管理权限与责任分配至供应链流程中的各个岗位，以避免权责不匹配，确保组织结构内部的均衡。

5. 便于统一指挥

在设计供应链组织时，必须确保其能够促进流程的高效革新。企业应根据实际工作需求设立岗位，并根据岗位需求选拔合适的人员，力求减少冗余岗位与人员配置，彻底消除工作中的人员闲置现象，合理调整组织架构，以提升工作效率。

6. 实现有效管理

供应链效能的高低，在很大程度上取决于组织内部合作关系的和谐程度。供应链管理的有效性越高，企业就越能确保组织内部合作关系和谐。因此，企业应摒弃陈旧的组织架构，采用新的组织架构以实现管理目标。

4.5.2　渠道供应链组织

组织架构：职能式组织模式。

渠道供应链组织的设计需依据供应链各环节的职能活动进行，以确保职能分工明确。渠道供应链的核心理念在于"分工"与"合作"，其组织架构必须能够适应多种类型的客户需求，并具备高度的兼容性，这要求供应链上不同位置和环节的参与者之间保持良好的协作关系。同时，鉴于渠道供应链还需致力于创造多样化的产品价值，因此在供应链运作过程中，组织架构内的各个成员必须明确分工，以便在特定产品价值创造过程中发挥各自的作用。

4.5.3　精益供应链组织

组织架构：矩阵式组织模式。

精益供应链组织设计遵循流程设计的核心理念，旨在实现供应链总成本最小化和效率最优化，其核心逻辑聚焦于"价值流的识别"与"成本的精准控制"。

在设计过程中，设计师需深入剖析客户需求所驱动的价值流，精确区分哪些环节能够真正推动价值增长，哪些环节可优化；通过消除浪费，对供应链的组织架构进行规划与重构，确保资源的有效利用。

简而言之，精益供应链的组织架构强调"顺流而行"的原则，即企业应在获得订单后，按照既定流程进行产品的生产，确保流程的顺畅与高效。

因此，精益供应链的组织架构被视为承载价值链的"关键渠道"，其内部各环节紧密相连，形成一个不可分割的整体。各环节之间充分共享信息，共同承担风险，以实现整体效益的最大化。

4.5.4 柔性供应链组织

组织架构：CELL 式组织模式（阿米巴模式、华为铁三角模式等）。

柔性供应链组织的设计理念源自对客户个性化需求的深度洞察。该供应链的显著特征在于其灵活的组织架构，旨在确保所有运作环节均聚焦于交付环节，以实现高效的服务输出。柔性供应链核心逻辑的关键词为"开放"与"灵活"，其旨在通过增强供应链组织架构的弹性，使企业能够灵活应对客户需求的多变性，进而增强生产及交付的柔性。在面对市场不确定性时，柔性供应链能够迅速做出反应，以确保业务的连续性和稳定性。

柔性供应链的组织架构通常采用具有核心的联盟形态，其中核心代表企业本身或其管理团队，而联盟则可能由企业内部各部门或外部合作伙伴共同构成。这一组织架构必须紧密围绕核心进行构建，同时保持动态性，即联盟中的任何成员均有可能因业务需求或市场变化而退出，并由新成员替代。这种设计确保了柔性供应链在面对内外部挑战时，既能够保持必要的稳定性，又能够灵活调整以适应变化，从而实现资源与自身优势的最优结合。

4.5.5 敏捷供应链组织

组织架构：事业部组织模式。

敏捷供应链组织遵循"根据客户群体特征提供相应产品"的设计原则，通过实现模块化，确保迅速响应客户需求。敏捷供应链的核心逻辑在于"动态"与"敏捷"。"动态"意味着企业需不断重新评估供需关系，并调整供应链结构以适应市场变化。"敏捷"则强调企业在调整供应链结构时，必须保持对市场变化的快速适应能力。因此，敏捷供应链的结构特征表现为高度的一体化和集成化。

第 **5** 章

数字化供应链管理工具及其应用

供应链管理工具与模型的应用，能够帮助企业优化其供应链并降低相关成本。企业必须精通这些工具的应用方法，以便将这些工具有效地融入自身的供应链管理实践中，从而确保供应链运作标准的提升，并持续减少内部误差。

5.1 供应商管理库存（VMI）

供应商管理库存（VMI）策略有助于企业与供应商共同实现成本最小化，并对双方共同商定的框架协议的执行情况进行持续监督。此外，在此管理策略的指导下，双方亦可对协议内容进行适时调整，以促进库存管理的持续优化。

VMI 作为一种创新且具有代表性的库存管理策略，对于提升企业运营效率和降低企业经营成本具有显著影响。

5.1.1 VMI 的基本思想

VMI 是一种由供应商代为执行库存管理职能的机制与策略。

1. VMI 的实施原则

（1）合作精神。在实施 VMI 的过程中，供应商与企业之间的信任程度与信息的透明度显得尤为关键，供应商与企业均需展现出良好的合作态度。

（2）互惠原则。VMI 不仅涉及成本分配及支付方式的问题，还关联成本降低的策略。实施 VMI 能够有效降低供应商与企业的成本。

（3）框架协议。在 VMI 模式下，供应商与企业需明确各自的责任，并达成共识。具体而言，库存存放地点、支付时间、是否涉及管理费用以及费用额度等关键问题，均应得到明确答复，并应详细载入双方的框架协议之中。

（4）连续改进原则。VMI 模式确保了供需双方共同获益，同时消除了资源浪费。通过该模式，供应商在企业的授权下建立库存，自主决定库存水平和补货策略，并掌握库存控制权。这种做法不仅有助于降低整个供应链的库存成本，还能提升客户服务水平和需求变化的透明度，从而提高客户对企业的信任度。

2. VMI 运行计划

在实施 VMI 的过程中，供需双方应充分认识到彼此的利益关联和实际存在的矛盾，并共同制订运行计划。为此，首先必须构建运行系统，确保 VMI 运行计划能够顺利执行，随后在执行过程中不断对其进行优化，直至其最终获得所有参与方的一致认可。

通常，VMI 的运行分为两个阶段。

（1）VMI 系统与合作模式的建立。此阶段预计耗时约 6 个月，主要任务涵盖各参与方对资源投入的确认、评估指标体系的构建、对达成协议所需条件的分析及运营模式和系统配置的确立。

（2）VMI 系统实施与改善阶段。此阶段预计耗时约 6 个月，核心任务在于通过持续的测试与修正，确保 VMI 系统稳定运行，并逐步达到无须人工干预的程度；同时，依据既定的评估指标，不断识别并解决存在的问题，以实现 VMI 系统的持续优化。

5.1.2 实施 VMI 的好处

在现代供应链管理实践中，VMI 已经成为一种成熟的库存管理策略，并在众多行业领域取得了显著成效。

VMI 的价值主要体现在下游制造商与上游供应商之间的合作关系上。基于这种合作关系，双方持续监控协议的执行状况，并适时对协议内容进行调整和优化。制造商将库存决策权转移给供应商，由供应商承担库存管理和订货策略制定的职责。此外，供应商能够与制造商共享信息数据，掌握生产进度的相关信息，从而更准确地预测制造商未来的需求。

VMI 为供应链中各参与方带来的具体好处如下。

1. 对生产制造商的价值

（1）制造商企业在管理库存及与供应商合作方面的成本降低，这有助于制造商企业集中资源，培育核心竞争力。

（2）制造业企业的缺货率与库存积压率降低。

（3）供应链中库存管理环节的成本降低，使得总成本及产品价格降低，各参与方的市场竞争力增强。

（4）成品库存的周转速度加快。物料库存由供应商管理后，生产制造商趋近于实现"零库存"，因而可将更多资源用于加快成品库存的周转。由于成品能在市场上迅速销售并转换为现金，因此成品库存周转速度的加快将直接提升生产制造商获取现金的能力。

2. 对供应商的价值

（1）为确保供应链的高效运作，企业致力于推动供应商更全面地掌握和理解下游市场的实际需求信息，以便他们做出更为精准的预测。这一举措旨在确保企业所需物料能够准时、准确地送达。鉴于供应商在物料库存管理中的重要角色，他们将致力于向企业提供质量高且价格合理的物料，从而促进企业的顺畅运营。同时，这也是供应商获取相应货款的关键环节。当供应链中的每一个成员都具备类似的内部驱动力时，他们将能够共同推动整个供应链成本的降低。

（2）VMI 促进了供应商与企业间的沟通与协作，双方通过平等协商，共同合作，以提升产品质量、降低不确定性并减少库存持有成本。在实施 VMI 之前，供应商往往倾向于鼓励企业尽可能多地采购，以期获得更高的销售收入。实施 VMI 后，企业仅在使用物料后才付款，这一变化激发了供应商在信息获取方面的积极性，并促使他们更加深入地了解市场环境及企业与终端客户的需求，致力于降低库存成本。

（3）供应商能够与下游企业建立并维持长期的战略合作伙伴关系，通过有效的沟通机制实现持续发展，并在激烈的市场竞争中保持核心竞争力。

5.1.3 VMI 的实施方法

在实施 VMI 之前，企业应与供应商协同工作，明确订单处理过程中所需的信息及库存控制参数，共同构建订单处理的标准模式，并将订货、交货及票据处理等关键业务功能整合至供应商端。其中，提升库存状态透明度，是实施 VMI 的核心要义。为此，供应商需确保实时追踪和检查企业物料的库存状态，同时确保双方库存和生产信息的无缝对接，从而确保信息的准确性和实时性。

基于前述内容，VMI 的实施方法如下。

1. 建立企业信息系统

要确保 VMI 的有效实施，必须确保供应商能够及时获取企业的相关信息。双方在共同努力下，建立企业信息系统，能够确保供应商掌握需求变化的有效信息。

2. 建立销售网络管理系统

为确保 VMI 模式下供应商有效管理物料库存，应当构建一套完善的销售网络管理系统，以保障物料需求信息传递和物流顺畅无阻。在此过程中，供应商需确保物料条形码的清晰可读性与唯一识别性，并明确物料分类与编码标准。同时，企业应积极与供应商合作，共同解决物料在存储和运输过程中的识别难题，例如引入 ERP 系统，集成生产与销售管理功能，以便及时、全面、准确地提供相关信息。

3. 建立合作框架

企业宜与供应商构建完善的合作框架，经由协商，明确订单处理的业务流程、库存控制的相关参数及库存信息的传递机制。

4. 导入 VMI

导入 VMI 可细分为 8 个阶段。这 8 个阶段中，前 4 个阶段涉及管理层面的准备工作，而后 4 个阶段则专注于实际系统的部署实施。

（1）在内部评估阶段，企业与供应商决定是否导入 VMI，并评估导入 VMI 后的潜在利益。评估内容涵盖企业战略目标、成本效益、外部环境因素等。此阶段的核心目标在于促进双方管理层达成共识并做出承诺。

（2）在高层商谈阶段，双方基于前一阶段的成果，进一步巩固共识。此阶段要求双方总经理达成一致意见，各部门主管详细讨论并确立共同目标，以确保内部达成充分共识。最终，双方将签署一份共同协议，明确各自在 VMI 实施过程中的责任。

（3）在组建项目团队阶段，双方各自成立项目小组并指定负责人，进而形成跨企业的项目团队。在 VMI 实施过程中，项目团队成员应为跨部门人员。另外，将项目相关指标纳入项目团队成员的年终绩效考核体系，是确保 VMI 顺利实施的关键。

（4）为实现 VMI 导入前后的有效比较，并确保持续改进工作的推进，必须制定具体的评估标准和衡量表。该表应详细规定审查的时间或周期，以及双方共同认可的计算标准、方法和单位，以保证评估结果的一致性和准确性。审查流程结束后，双方应签署合作协议，随后正式开始导入 VMI。

（5）构建双方电子数据交换机制，以满足大量数据传输及高频次传输需求，并确保数据传输的精确性。

（6）在探索合作式库存管理方法阶段，供应商确定的订购量将以建议性订单形式传递给客户，并得到确认。在明确执行细节与系统架构之后，可开展实际的上线测试。

（7）企业与供应商持续优化各自的工作流程与操作方式，以适应实际运营需求，并在问题出现时，记录问题出现的根本原因，同时通过会议形式解决问题。

（8）双方根据信任程度及先前约定，正式运行 VMI。

5.1.4　VMI 的具体应用

VMI 的具体应用有如下几种类型。

1. 供应商提供软件

供应商负责提供涵盖所有产品的软件，企业则运用该软件进行库存管理决策，并承担库存的所有权与管理职责。

2. 供应商在企业所在地

供应商位于企业所在地，代为执行库存管理决策并管理库存，然而库存所有权仍归企业所有。

3. 供应商不在企业所在地

供应商虽不在企业所在地，但会定期派遣代表，参与执行库存管理决策，负责管理库存，并保有库存的所有权。

5.2　联合管理库存（JMI）

联合库存管理（Jointly Managed Inventory，JMI）是一种基于风险共担的库存管理策略。该策略在 VMI 的基础上进一步发展，强调供应链上下游企业间权责均衡与风险共担。JMI 体现了以战略供应商联盟为基础的新型企业合作模式，强调了供应链中各企业间的互惠互利与协同合作。

5.2.1　JMI 的基本思想

JMI 的核心理念在于促进供应链上各企业对终端客户需求进行协同的认知与预测，共同实施库存管理，实现利益共享与风险共担。其核心聚焦于构建供应商之间的紧密联盟，避免需求过度放大，并有效减少库存浪费，从而达成风险共担的目标。

在传统库存管理实践中，库存通常按照独立需求和相关需求两种模式进行管理，前者通过订购点策略进行应对，后者则运用物料需求计划进行处理。然而，JMI 对这两种不同性质的库存管理模式进行了统一，旨在更有效地解决供应链系统中存在的固有问题，并提升供应链内部的同步化水平。

JMI 特别强调供需双方共同参与库存计划的制订，摒弃了传统库存管理模式中由一方进行管理的做法。在 JMI 框架下，每个库存管理者均需从整体协调角度出发，确保对预期需求的统一认知，以消除需求放大的现象。因此，在 JMI 框架下，供应链中任意相邻节点的需求确定均源自供需双方的协商，这使库存管理不再局限于各企业的独立操作，而是转化为供需双方整体协调的有机过程。

5.2.2　JMI 的优点及实施要点

JMI 相较于传统库存管理方法，展现出若干显著优点。

（1）实施 JMI 为实现供应链同步化运营提供了充分的条件与保障。

（2）实施 JMI 减少了供应链中不可避免的需求认知错误，同时降低了库存的不确定性，提升了供应链的稳定性。

（3）JMI 充分揭示了传统供应链管理方式的不足，有助于提升供应链管理水平。

（4）实施 JMI 为实现零库存管理、准时采购及精益供应链管理创造了更为有利的条件。

（5）实施 JMI 进一步促进了供应链管理资源的共享，并实现了风险共担。

JMI 的实施要点具体如下。

（1）为确保 JMI 的有效运作，企业与供应商需构建一套严谨且协调的供需管理机制。双方应基于合作精神，明确各自的目标与职责，并构建畅通的合作沟通渠道，以创造有利于双方共同发展的环境。在此过程中，双方应遵循互惠互利的原则，共同确定合作细节，包括但不限于库存的调节与分配策略、库存的最高及最低水平设定、安全库存的确定方法及需求预测的准确性等。

为做到上述几点，供应链中的各企业需构建完善的信息沟通渠道或系统，以确保需求信息的准确、畅通传递，从而为供需管理机制的有效运行提供有力保障。

（2）制造资源计划系统与配送资源计划系统是供应链库存管理中目前较为成熟的两种资源管理系统，JMI 的效能应借助这两大系统得以充分发挥。

（3）在物料库存的联合管理中，通常运用制造资源计划系统；而在产品库存的联合管理中，则多运用配送资源计划系统。

（4）在供应链管理实践中，敏捷反应机制已证实库存管理策略的有效性，并能提升联合管理库存的效率。敏捷反应机制要求供应商与企业之间进行紧密合作，其合作具体可划分为 3 个阶段。

①第一阶段，实现物料或产品的条码化，有助于识别流程标准化，从而提升订单处理的效率。

②第二阶段，实现内部业务流程的自动化，通过运用自动补库系统，提升业务自动化程度。

③第三阶段，实施更高效的企业间合作机制，消除供应链内部的障碍，从而提升整体运作效率。

（5）第三方物流系统，作为JMI模式供应链集成的技术手段，亦被称为物流服务提供者。该系统为企业提供一系列服务，包括但不限于产品运输、订单处理、库存管理等。将第三方物流系统整合进JMI供应链集成体系，能够带来更多的附加服务。

5.3 快速响应法（QR）

快速响应法（Quick Response，QR）是现代企业经营乃至供应链管理的核心策略，值得企业深入研究。

5.3.1 QR的定义和优点

QR源自美国，由零售商、服装制造商及纺织品供应商共同开发，旨在构建一个全面的业务概念。

QR的核心目的在于缩短从原材料采购到最终销售环节的时间跨度，并减少整个供应链中的库存量，最大限度提升供应链的运作效率。其追求的目标主要包括以下两个方面。

（1）提升客户服务水平，确保供应链能够在恰当的时间与地点提供恰当的产品，满足终端客户的需求。

（2）降低供应链整体成本，提升供应商与企业的销量，增强供应商与企业的盈利能力。

QR的优点体现在其应用成效上。若妥善运用QR，其所带来的收益将显著超出其成本投入，企业能够节约超过5%的成本。

在实际操作过程中，企业采用 QR 后，销量显著提升，库存周转率大幅提高，需求预测的误差显著减少。这些变化充分展示了 QR 的诸多优点。

（1）销量增加。采用 QR，能够有效降低运营成本，进而降低产品的销售价格，促进销量的增长。由于产品库存风险降低，产品能以较低价格进行销售，这不仅能够提升销量，还能防止缺货情况的发生，避免错失销售机会。此外，QR 亦有助于确保热销产品的充足供应，从而进一步推动销量的提升。

（2）产品的库存周转率提升。实施 QR，能够有效降低供应链中的库存总量，同时确保热销产品的库存保持在合理水平，从而加快产品的流通速度。

（3）需求预测的误差减少。借助 QR，企业能够实时掌握销售数据，精准了解哪些产品热销，哪些产品滞销。通过高频次、小批量的进货方式，企业能够实现"零库存"的目标。

当前，QR 在世界各国的企业中迅速普及，特别是在零售行业，它已成为企业获取竞争优势的关键工具。随着 QR 的广泛采用，供应链间的竞争正逐渐演变为供应链战略联盟之间的全面竞争。

5.3.2　QR 成功的条件及其实施步骤

QR 的成功与以下 5 个条件紧密相联。

（1）供应链中的企业必须摒弃传统的单打独斗模式，转而积极与其他企业建立合作伙伴关系，并努力整合各方资源以提高经营效率。例如，零售企业通常在垂直型 QR 系统中扮演主导角色，他们应通过公开和交换销售信息与成本信息，提升经营效率；同时，合作伙伴关系还有助于明确 QR 系统内各企业的分工协作范围和形式，消除重复作业，建立一个有效的分工协作框架。

（2）开发并应用现代信息技术，这些技术涵盖了商品条形码、物流条形码、电子订货系统、POS 数据读取技术、电子数据交换系统、预先发货清单技术、电子支付系统、供应商管理库存及连续补充存货等。

（3）企业应在供应链中主动探寻并识别战略合作伙伴，在这些合作伙伴之间确立明确的分工与协作机制。合作旨在减少库存，同时避免缺货，以此降低供应风险及运营成本。

（4）企业必须确保商业信息的透明度，摒弃过度保密的做法。企业应与合作伙伴共享销售、库存、生产和成本等方面的关键信息，以便共同发现、分析并解决问题。

（5）企业应要求供应商缩短生产周期，减少物料库存，从而实现多品种、小批量的生产模式。这种做法可以实现高频次、小批量的配送，降低企业的库存水平，同时提升客户服务水平。企业还可以采用 JIT 生产方式，以减少整个供应链中的库存。

以零售企业为例，QR 的实施过程可以细分为 6 个步骤。

（1）运用条形码与电子数据交换系统。零售企业需配备条形码、POS 扫描机及条形码扫描机等硬件设施，以提升结账效率，确保销售数据的精确获取，并保障信息交流的顺畅。其中，POS 扫描机用于数据录入与收集，而条形码扫描机则用于产品识别。

（2）实行自动补货机制。QR 系统的自动补货功能要求供应商能够更迅速、更频繁地提供新的库存产品，以避免库存短缺，进而提升库存周转率。自动补货机制依赖于基于历史销售数据的周期性预测，并需综合考虑当前库存状况及其他相关因素，以确定补货量。

（3）构建高效的补货联盟。为确保补货流程顺畅，必须建立一个高效的补货联盟。供应商、制造商与零售商应共同审视销售数据，制订能够满足未来需求的补货计划，并积极进行预测，以确保库存充足并减少缺货现象，同时降低库存水平。此外，补货联盟还可进一步负责库存管理和补货流程管理，加速库存周转，提升供应链的整体效率。

（4）优化零售空间管理。零售空间管理涉及根据企业特定需求模式，规划其所经营产品的类别及补货策略。通常，供应商可参与零售企业的产品类别选择和数量决策、店内布局、人员培训及激励等，以实现高效的管理。

（5）联合开发产品。供应商与零售企业共同参与新产品的开发过程，其紧密合作程度超越了传统企业与供应商的业务往来。借助这种协同开发模式，新产品从概念形成到市场推广的周期显著缩短。

（6）快速反应集成。通过重新设计业务流程，零售企业能够将先前的工作与整体业务活动有效整合，从而推动战略目标的实现。这一过程要求零售企业与供应商共同对整个供应链进行重新规划，并对业务评估体系、业务流程及信息系统进行相应的调整。重新设计业务流程的核心应当聚焦于市场需求，而非仅限于传统的企业职能。

5.4 有效客户响应（ECR）

有效客户响应（Efficient Consumer Response，ECR）的起源可追溯至 20 世纪 90 年代，当时企业与供应商之间的关系经历了重大转变。这一时期，主导权由供应商转移至企业手中。供应链内部的竞争日益加剧，促使供应商与企业寻求新的管理策略，以建立更紧密的合作关系，实现共赢。正是在这样的背景下，ECR 应运而生。

5.4.1 ECR 的定义与特点

ECR 真正以终端客户为中心，旨在转变并优化供应商与企业之间既对立又统一的关系，从而有效解决供应与需求之间的矛盾。ECR 通过整合供应商和企业的经济活动，实现了以最低成本、最高效率满足终端客户需求的目标。它强调供应商与企业之间的紧密合作，使双方构建相互信赖、相互促进的协作关系；借助现代化信息手段，协调双方的生产、经营和物流管理，确保双方在最短时间内灵活应对客户需求的变化。ECR 始终秉持满足客户需求、最大限度降低物流过程费用的原则，追求快速、准确地响应，以实现产品或服务供应流程的优化。

ECR 的特点体现在以下几个方面。

（1）新技术、新方法。ECR 系统集成了尖端的信息技术，例如，自动订货系统能够有效降低企业的库存水平，缩短交货期，提升产品的新鲜度，并降低产品的破损率。此外，通过采用品类管理和空间管理的技术与策略，ECR 系统能够提高单位销售面积的销售额和毛利。

（2）稳定伙伴关系。在传统的供应链管理体系中，各环节之间的联系较为松散，这导致每次订货过程中出现随机性问题，进而使得产品流动的稳定性受损，从而增加了供应链运营成本。相比之下，ECR 系统成功克服了这些缺陷，构建了一个稳定的供应链管理体系，并在此基础上实现了基于新型伙伴关系的合作模式。

（3）电子化。ECR 系统充分利用信息处理技术，实现了供应链各环节信息传递的电子化。例如，订单、价格调整、生产通知等方面的信息，均通过信息化技术自动处理。这显著提升了信息的精确度，并大幅降低了信息处理成本。

5.4.2　实施 ECR 的原则

实施 ECR 应遵循的原则如下。

1. 实现价值增长

企业致力于实现价值增长的目标，为客户提供多样化的产品、便捷的购物体验及卓越的产品质量。从产品的生产、包装、流通直至最终交付，整个流程应持续实现价值增长，并通过高效的 ECR 系统实现最大化的附加价值创造。

2. 共赢

在 ECR 系统的运作中，供需双方应秉持紧密协作的原则，将传统的交易与竞争关系转化为互信互利的联盟伙伴关系。在追求共赢的基础上，双方将共同参与产品的流通过程管理，以实现更高效、更顺畅的供应链运作。

3. 信息传递及时、准确

供需双方通过构建 ECR 系统和产品供应链信息平台，可及时获取准确的信息。

4. 价值最大化

在合作的基础上，供需双方通过构建 ECR 系统，共同监管产品的采购、仓储及销售等环节，从而达到降低费用、缩减库存量、最大化产品价值的目的。

5.4.3 ECR 系统的构建

构建 ECR 系统，旨在实现成本的控制和产品流通效率的提升，同时注重基础运作系统的构建与完善，以消除组织间的沟通壁垒。ECR 系统的构建涵盖以下几个要素。

1. 营销技术

以零售企业为例，在构建 ECR 系统时，所采用的营销技术主要包括产品分类管理和店铺货架空间管理。

产品分类管理旨在通过调整产品分类，实现整个零售企业产品分类总体收益最大化。而店铺货架空间管理致力于对店铺空间布局、各类产品的展示比例及产品在货架上的摆放进行优化管理。

2. 物流技术

构建 ECR 系统涉及 JIT 配送等关键物流技术要素。因此，供应链需要连续的库存补充计划、自动订货流程、预先发货清单、供应商管理库存、交叉配送及直接向店铺配送等具体技术支撑。

3. 信息技术

ECR 系统所应用的信息技术主要涵盖销售时点信息和电子数据交换两种。

销售时点信息要求企业对门店销售终端所采集的数据进行细致的整理与分析，以便精确掌握客户的购买行为，从而优化品类管理。此外，企业还应运用这些数据进行库存控制和订货策略制定。同时，供应商亦可利用这些数据来规划生产活动、研发新产品及执行库存管理策略。

电子数据交换技术是一种通过电子化方式实现供应链企业间订货发货清单、价格变动信息、付款通知书等文书和单据的传送与交换的技术。该技术的应用有助于提升企业乃至整个供应链的运作效率。

4. 组织架构革新

鉴于 ECR 系统的核心理念在于从流通环节及商业运作中探索改革方案，传统的供应链与企业职能划分方式下的组织架构显然无法适应新的组织管理方式，故必须构建一种新型的组织架构。

在企业内部，组织架构革新应致力于将包含采购、生产、物流、销售等部门的传统组织架构转变为以产品类别为核心的横向型组织架构。这要求企业将所有产品划分为多个类别，并针对不同产品类别设立专门的管理团队，进而围绕这些管理团队构建新的组织架构。在这一新的组织架构中，企业应为不同产品类别的管理团队设定特定的经营目标，并赋予其相应的管理权限。由于产品类别管理团队规模较小，内部沟通更为便捷，职能协调也更为顺畅。

在企业间合作方面，应构建互惠互利的合作伙伴关系。企业和供应商应各自设立对应产品类别的管理团队，以便双方能够就原材料采购、生产计划、销售状况、客户需求趋势等议题进行平等对话与协商。

5. 作业成本法

鉴于 ECR 系统在提升供应链整体效率的同时，亦可能带来新的成本或收益，企业需对成本计算方法进行相应的调整。传统的成本计算方法，即按部门或产品划分成本，应向基于活动的成本计算方法转变，后者即作业成本法。作业成本法将企业的运营过程细分为一系列作业活动，并通过这些活动来分配间接管理费用，进而准确计算出成本。

5.4.4 ECR 与 QR 的比较

ECR 与 QR 的异同如表 5.4.1 所示。

表 5.4.1 ECR 与 QR 的异同

项目		ECR	QR
相同点	共同的构建重点	ECR 系统和 QR 系统都围绕信息处理技术、合作伙伴关系和核心业务进行构建。利用信息处理技术，推进各环节信息传递的电子化，例如电子数据交换技术的应用实现了订货数据或出货数据的传送无纸化，对迅速补货、加快预测进度、大幅度降低成本发挥了重要作用。稳定的合作伙伴关系使得供应链成为连续闭合的体系，企业与供应商实现了共赢。对核心业务流程的重新设计更好地减少了资源的浪费	

续表

	项目	ECR	QR
相同点	共同的目标	在引入 ECR 和 QR 之前，供应链各节点虽然都有各自的业绩测量标准，但从整体来看，供应链效率很低。因此，二者的业务改善都是围绕提升供应链整体效率的目标开展的	
	共同的推进步骤	ECR 和 QR 的推进步骤较为接近，即在核心企业的带动下，供应链上各方实现有效运营（具体步骤见表注）	
差异点	侧重点不同	ECR 侧重于减少和消除供应链内部浪费，提高运行的有效性	QR 侧重于缩短交货期，追求迅速响应客户需求
	管理方法不同	ECR 除了快速引入新产品，还实行有效产品管理和促销	QR 主要借助信息技术减少补货时间
	适用行业不同	ECR 主要适用于产品单价低、库存周转率高、毛利少、可替代性强、购买频率高的行业	QR 主要适用于产品单价高、季节性强、可替代性弱、购买频率低的行业
	变革重点不同	ECR 变革重点是效率和成本	QR 变革重点是补货和订货的速度

注：ECR 与 QR 共同的推进步骤具体如下。

①寻求合作伙伴，核心企业应主动接触供应链上下游企业的高级决策者。

②选定合作方，经过与高级决策者的深入沟通并达成共识后，明确具体的合作企业。

③组建专项工作组，各企业在供应链的关键节点成立以 ECR 或 QR 为核心的工作团队，并选出负责人，由负责人规划团队的工作日程。

④设定合作目标，针对供应链中存在的问题，制定实际可行的策略，策略应涵盖品类管理的重点领域、自动补货系统的构建等方面。

⑤拟定合作方案与安排进度，明确双方合作的产品项目、实施阶段的时间进度表及参与合作的人员等详细内容。

⑥定期举行会议，汇报合作计划的进展，分析问题根源并采取相应改进措施。

⑦实现全面推广，将成功的合作模式拓展至其他产品线，或应用于与供应链内其他企业的合作。

5.5 协同规划、预测及连续补货（CPFR）

近年来，随着市场环境的持续演变和信息技术的迅猛发展，精益化供应链管理已成为越来越多企业的共识和实践。这种管理模式极大地促进了供应链内部资源整合的深化。协同规划、预测及连续补货（Collaborative Planning, Forecasting and Replenishment，CPFR）的核心在于借助互联网技术推动供应链合作的高效进行，其重要性应当得到企业的充分认识和重视。

5.5.1　CPFR 的概念

随着 QR 和 ECR 的迅速发展，CPFR 逐渐受到众多企业，特别是零售企业的青睐。探究其背后的原因，市场环境的快速变化和持续演进要求企业必须缩短交货期、提升产品质量、降低运营成本并优化服务。因此，供应链管理不仅需要跨越不同企业间的界限，还必须超越企业内部的职能、文化和员工的范畴。为了实现这一目标，企业必须对供应链中的合作伙伴关系和运作模式进行重新思考、定义和组织。正是在这样的背景下，CPFR 应运而生并发挥其作用。

CPFR 源于沃尔玛所倡导的协同预测及连续补货（Collaborative Forecast And Replenishment，CFAR）。CFAR 是一种利用互联网技术促进企业与供应商之间的合作，使双方共同进行产品预测并基于预测结果实现持续补货的机制。随后，在沃尔玛的持续推动与完善下，CFAR 逐步演变为 CPFR。

CPFR 在协同预测的基础上，进一步发展至协同规划阶段。在此阶段，企业与供应商不仅共同进行预测与补货，还将原本局限于各自内部的计划，如生产计划、库存计划、配送计划、销售计划等，向供应链中的各企业开放。

CPFR 的特点体现在以下几个方面。

1. 协同

CPFR 要求供应链的各参与方共同设定目标，并做出长期承诺，以公开沟通和信息共享为基础，确立协同经营战略。协同合作的根基在于签订保密协议、构建纠纷解决机制、建立供应链绩效评估体系及确立共同的激励目标。

2. 规划

CPFR 着重强调合作规划与合作财务的管理。在合作规划方面，涉及对品类、品牌及关键品种的全面考量；而在合作财务方面，则涉及对销量、订单满足率、定价、库存、安全库存及毛利等关键指标的精细化管理。此外，CPFR 还倡导供应链双方共同制订促销计划、库存变化计划、产品导入与中止计划及仓储分类计划等，以确保供应链的顺畅运作与高效协同。

3. 预测

CPFR 强调企业与供应商应共同进行预测工作。协同预测可以显著提升库存周转率，从而节约供应链整体的资源。

4. 补货

在 CPFR 系统中，企业与供应商共同运用时间序列预测技术，将需求转化为订单预测结果；同时企业向供应商提出相应的约束条件，包括订单处理周期、订货前置时间、最小订购量、商品单元及终端客户的购买习惯等方面。

5.5.2 CPFR 的实施步骤

CPFR 的实施步骤如下。

1. 识别机遇

CPFR 实施的首要步骤在于识别新的机遇。在一般情况下，企业倾向于关注终端客户对不同产品类别、促销形式及竞争者之间差异的反应，而供应商则更加注重管理库存水平。企业期望在避免产品滞销的同时，确保畅销产品的持续供应；而供应商则致力于建立高效的生产和补货流程。因此，双方必须积极寻找并识别最有利于双方的机遇，以消除彼此在计划上的差异。

识别这些机遇的关键在于整合各项资源与进行销售预测。为做到这一点，CPFR 系统需与其他供应和需求系统匹配。对于企业而言，CPFR 系统应整合包括产品销售规划、分销系统及店铺运营系统在内的各项资源；而对于供应商而言，CPFR 系统则需要协助其进行销售预测，制订补货计划，并根据企业需求进行生产和分销。

2. 整合数据资源

数据资源的整合工作需聚焦于数据的集合和必要的调整，同时，供应链中各参与方亦需主动调整其业务策略以适应整合需求。以下是该项工作所涉及的要点。

（1）寻求信息并确定层次。企业通常更偏好基于地理位置的信息，而供应商则更多地关注产品层面的详细信息。CPFR 要求双方共同寻求不同层面的信息，并共同确定可进行比较的技术指标。

（2）对各产品进行追踪。在数据整合与应用方面，CPFR 系统应实现对各产品的追踪功能，并通过销售报告获取产品的展示信息。如此一来，数据对比将不再局限于预测数据与实际数据之间的比较，同时也是对不同产品的对比分析。

（3）时间周期的规范性。CPFR 系统整合并运用数据资源，对时间周期的一致性提出了更高的要求。鉴于预测、计划等操作均以时间周期为基准，供应链中的各参与方必须就时间周期的相关规定进行协商并达成一致，相关规定的内容包括但不限于预测周期、计划启动时间及补货周期等方面。

3. 构建组织架构

各参与方在 CPFR 系统中必须构建符合自身特点的组织架构，以体现产品、分销区域及其他类别计划的特性。在企业明确界定组织架构的基础上，CPFR 系统应支持多种体系的映射关系。

4. 明确商业行为规范

在实施 CPFR 的过程中，最终必须明确的是供应链各参与方需遵循的商业行为规范。这些规范如下。

（1）例外标准。在实施 CPFR 的实际过程中，企业极有可能遭遇多种异常状况。为了识别与界定这些异常状况，企业应当制定相应的规范和准则（即例外标准），并力求其简洁且易于执行。

（2）相对与绝对周期。在设定例外标准的过程中，企业有时需确立基于绝对周期的标准，而有时则应着重强调基于相对周期的标准。

（3）例外标准亦可采用绝对数值与百分比形式表达。对于高标准及累积性偏差的控制，适宜采用百分比的形式；对于日常或周度的经营活动监控，则更适宜采用绝对数值的形式。

5.5.3　CPFR 实施过程中需要关注的 5 个要点

在实施 CPFR 的过程中，为获得成功，企业需要关注以下 5 个要点。

1. 追求共赢

对于企业来说，对整体供应链流程的深刻洞察是至关重要的。企业应以追求共赢为目标，审视与合作伙伴的合作关系及供应链各参与方的相互关联，从而确保最终客户与合作伙伴均能受益。为实现这一目标，企业管理层需摒弃传统思维模式，由单纯追求个体盈利，转向致力于实现全供应链的效益最大化。

2. 构建体系，共同承担

企业欲适应 CPFR 的供应链管理模式，必须构建相应的价值观体系。各合作伙伴在供应链中承担的责任各异，所能投入的资源亦有所区别，然而，各合作伙伴均应主动调整其业务流程，以适应各自的差异性。同时，企业亦需坚守其承诺与责任，以推动 CPFR 的顺利实施。

3. 识别到短期利益，制订周密计划

CPFR 与产品转型无法并存，后者将显著削弱合作伙伴在协调需求与计划方面的能力。企业必须识别到短期利益，并制订周密的计划，以降低库存水平和获得长期利益，从而在此基础上树立对成功实施 CPFR 的信心。

4. 核心企业承担领导责任

在 CPFR 系统中，核心企业应承担领导责任，组建跨企业团队，并重视团队合作的深度及信息交流的种类；在此基础上，还应有效地构建并维护能够支撑整个团队运作的供应链共同价值观体系。

5. 制定并维护行业标准

在供应链中，各企业应共同制定相关行业标准，这一过程亦会对企业与合作伙伴之间的协同产生影响。行业标准应当既展现出一致性，又兼顾企业间的差异性，以便在供应链中得到有效运用，并促进合作伙伴间的信息共享。

第 **6** 章

采购数字化

斯坦福大学的埃里克·斯奎曼教授曾经指出："数字化本身并不能改变你的业务本质，然而，若未能适应数字化趋势，则可能导致你的业务遭受破坏。"随着数字时代的到来，传统业务模式开始融入数字元素，其核心未发生改变，但借助数字化的力量，业务效率显著提高。

6.1 什么是采购数字化

在当前市场增速逐步放缓的态势下，企业面临着日益增大的发展压力，对精细化、协同化管理的需求亦随之攀升，进而引发采购领域多维度的优化需求。这一背景之下，企业采购业务正经历着数字化转型，企业旨在通过这一转型提升自身的核心竞争力。

采购数字化，作为新兴的技术体系，构建于基础管理流程化、产品标准化、信息标签化的基础之上。它依托于大数据技术、通信技术等新一代信息技术，以降本增效为核心目标，全面覆盖采购需求管理、开发寻源、订单协同、交付执行、对账结算、发票处理及供应商全生命周期管理等采购业务的各个环节。这一过程不仅涉及从线下到线上的业务流程转移，更致力于构建业务在线、流程规范、信息透明、决策智能、内外协同的采购管理新模式。

采购数字化并非传统采购与数字工具的简单叠加，而是信息技术在采购流程中的深度应用，旨在实现采购活动的电子化、网络化和智能化。这一转变依赖于多种技术，如云计算、大数据分析、人工智能等，旨在通过这些技术优化采购过程，提升采购效率和优化协同效果。

以宝马集团为例，自 2018 年起，该集团启动了采购数字化转型项目，通过引入先进的电子采购系统，实现了采购流程的自动化升级，优化了供应商管理，降低了采购成本，并提高了采购的透明度和灵活性。该系统集成了供应商目录、采购订单、合同管理和支付结算等功能，使采购流程更加高效和透明。同时，结合大数据分析技术，宝马集团能够更准确地预测采购需求，优化采购策略，降低库存成本。此外，引入人工智能技术，宝马集团可以通过机器学习自动获取最佳供应商和采购策略，实时监控采购过程中的异常情况，确保采购决策的准确性和及时性。

宝马集团公开资料显示，电子化和自动化采购流程的实施显著减少了人工操作的时间，降低了错误率，使采购效率提高了约25%。而大数据分析和优化后的采购策略更是帮助宝马集团降低了约12%的采购成本。这一案例充分展示了数字化手段在企业采购活动中的潜力，其尤其在提高效率和透明度方面表现出显著优势。

在采购数字化的浪潮中，越来越多的企业开始认识到其潜在的巨大价值。电子采购系统的应用使得采购流程更加透明和高效，实时追踪订单状态、供应商表现及库存情况成为可能，从而确保采购活动的顺利进行。在线市场的兴起则为企业提供了更广泛的采购渠道，其直接对接众多电子商城，便于企业寻找合适的供应商和产品。云计算的引入进一步推动了采购数字化的进程，通过云平台卓越的数据存储和处理能力，企业可以更轻松地获取和共享采购数据，为采购决策提供有力支持。大数据分析和人工智能的融合更是为采购数字化注入了新的活力，使企业在海量数据中发现潜在的商机和风险。

例如，联合利华近10年来将其采购系统迁移到微软云平台上，实现了采购数据的集中管理和实时共享。通过微软云平台提供的大数据分析工具，联合利华能够深入挖掘采购数据的价值，优化采购策略，降低库存成本。

综上所述，采购数字化为企业带来了诸多优势，不仅使企业提升了采购效率，还为企业开拓了更广泛的采购渠道，并提供了更精确的数据支持。随着技术的持续进步和应用场景的不断拓展，采购数字化在未来将发挥更加重要的作用。

6.2 采购数字化对企业的价值与要求

在现代商业环境中，数字化已成为企业增强竞争力和创新发展的核心要素之一。作为企业运营不可或缺的一环，采购数字化已成为企业顺应时代潮流、实现持续发展的关键步骤。采购数字化不仅是技术的跃迁，还涉及企业管理理念及运营模式的深刻革新。这一转型借助先进的信息技术手段，推动采购流程的自动化、智能化和透明化，为企业赋予更强的市场适应力和决策支撑能力。

从当代企业的采购数字化转型实践中，我们可以清晰地看到采购数字化为企业带来的巨大战略性价值。以京东为例，其为超过 800 万家企业提供服务，并且近年来完成了平台采购系统的数字化升级。京东提供了一站式、定制化、智能化的数字化采购解决方案，能够迅速响应企业需求，构建精准多元的采购渠道，满足企业在多元化、场景化服务方面的需求。同时，这一方案也为企业带来了成本降低、效率提升的采购体验。

在此背景下，企业需全面审视采购数字化带来的深远影响，充分认识其在增强核心竞争力及促进可持续发展方面的价值。面对数字化转型过程中可能遇到的挑战，企业应积极应对，确保在激烈的市场竞争中保持领先地位，实现长期、稳定的发展。

1. 采购数字化对企业的价值

在当前市场环境下，我们观察到众多成功且发展稳健的企业普遍实现了采购系统的数字化革新。这一现象清晰地显示采购数字化已成为商业发展的主导潮流，其在众多成功案例中展现的对企业的价值如下。

（1）提高企业采购效率。采购数字化通过引入自动化和电子化流程，显著降低了手工操作和纸质文档的使用频率，有效缩短了采购周期，并显著提升了采购效率。以沃尔玛为例，作为全球零售行业的领军者，该企业通过引入电子采购系统，实现了采购流程的全面自动化。这一系统不仅显著加快了采购订单的生成和处理速度，还通过电子审批流程有效减少了人工干预，进一步大幅提升了采购效率。

（2）降低企业采购成本。采购数字化通过集中采购、批量采购等手段，取得了规模经济效益，有效降低了采购价格。近年来，全球知名的消费品企业宝洁公司，在采购流程中积极推行数字化转型，实现了全球采购需求的集中管理。通过批量采购和与战略供应商的深度合作，宝洁公司显著降低了采购成本。此外，宝洁公司还借助数字化采购平台，极大地提升了采购活动的透明度和可控性，进一步优化了采购流程。

（3）提升企业采购质量。采购数字化通过整合大数据分析和人工智能技术，实现了供应商评估和选择流程的智能化革新，此举显著提升了供应商及所采购产品的整体质量。以通用电气为例，该企业在其采购流程中引入了前沿的人工智能和大数据分析工具，该工具能精准地分析供应商的历史绩效、交货准时率及产品质量等关键指标，从而智能化地识别出最佳供应商，这不仅大幅提升了供应商管理的效率，更为所采购产品的高质量提供了坚实保障。

（4）加强供应链协同。在企业运营过程中，电子采购系统和云计算技术的融合为企业带来了显著的供应链协同效益。这些先进技术助力企业实现与供应商之间的信息共享和高效协同，从而大幅提升了供应链的整体运作效率与响应速度。例如，联想集团成功运行了一个基于云计算的电子采购平台，该平台实现了全球范围内供应商信息的实时共享与协同管理，使得联想集团与其全球供应商能够实时互通有无、高效协同工作，极大地增强了供应链的响应迅捷性与操作灵活性。

（5）提升企业响应能力和适应能力。数字化采购流程的高度透明化及自动化的决策机制，显著提升了企业的决策效率，进一步提升了企业对市场动态的响应能力和适应能力，增强了供应链的灵活性。

采购数字化在提高企业采购效率、降低企业采购成本、提升企业采购质量及加强供应链协同等方面，展现出显著的战略价值。企业在激烈的市场竞争中，应当及时把握并充分利用采购数字化的优势，以确保长期稳健发展。

2. 采购数字化对企业的要求

采购数字化作为当前企业维持市场竞争力的关键策略，其实现过程伴随着一系列的要求与挑战。为确保数字化转型成功，企业需在多个层面进行投入与改进，这不仅涉及技术和资金的投入，更涉及流程优化、数据管理及人才培养等多方面的系统性改进。这些举措共同构成了企业采购数字化的蓝图。

（1）技术和资金投入。采购数字化的实现高度依赖于先进的技术。为确保采购流程的现代化与高效，企业需投入相应的技术和资金，精心构建电子采购系统及配套平台。此类系统与平台不仅要涵盖电子采购系统的核心功能，更应融合大数据分析、人工智能及云计算等尖端技术，从而显著提高采购流程的智能化与自动化程度。

（2）流程优化。采购数字化的核心在于业务流程重塑，而非单纯的技术驱动，企业不应过度聚焦于数字化技术而忽视业务流程的优化。企业应以战略逻辑为基石，精心构建采购战略，进而依据采购战略设计相应流程，最终通过信息化技术实现流程固化，构建自动化流程体系。此举将对采购流程的各个环节进行升级，包括优化采购审批流程、简化采购操作步骤及加强供应商管理等。

（3）数据管理。采购数字化之成功，离不开海量数据，因此，构建一个健全的数据管理体系显得尤为关键。笔者在对企业辅导的广泛实践中，深感众多企业在信息化、数字化转型过程中遭遇的难题往往与产品标准化有关。这主要是由于技术研发部门在配合度上的不足。为了确保产品相关数据的准确性与唯一性，同时确保这些数据在未来的前瞻性和安全性管理，企业需要细致考虑数据的收集、存储、分析及共享等环节。有效的数据管理不仅能显著提升采购决策的科学性，更是防范数据泄露和安全风险的重要保障。

（4）人才培养。推动采购数字化进程，关键不仅在于先进技术的应用，更在于具备信息技术、数据分析、人工智能等领域专业技能的人才队伍的建设。为确保采购数字化系统能够充分发挥其优势，企业需积极培养和引进相关领域的专业人才，以实现采购数字化的效益最大化。

以全球知名的工业自动化和数字化解决方案提供商西门子为例，其在采购系统数字化升级方面投入了大量资金和资源。通过构建一个集成大数据分析、人工智能和云计算技术的全球采购平台，西门子成功实现了采购流程的自动化与智能化，显著提升了采购效率及数据准确性。

在升级过程中，西门子通过全球招聘策略，吸引了大量具备先进技术背景的专业人才。这些人才为采购数字化系统的构建与维护提供了有力支持，并通过数据分析进一步优化了采购策略。

为全面适配新的采购数字化系统，西门子对采购审批流程进行了重新设计，减少了手工操作环节，并强化了供应商管理。这些流程优化措施的实施，有效提升了采购效率，降低了运营成本。

从西门子的案例中，我们可以看出，采购数字化转型是企业发展的必然趋势和内在要求。为确保采购数字化取得实效，企业需从技术和资金投入、流程优化及数据管理等多个维度进行持续改进。

此外，企业在推进采购数字化的过程中，还需关注以下几点，以确保采购数字化的成功实施。

首先，企业必须持续创新。在采购数字化的过程中，企业应保持敏锐的洞察力，紧跟行业最新动态和技术发展趋势，不断引入新的理念和技术，以优化采购流程和提高采购效率。例如，利用区块链技术实现采购流程的透明化和可追溯性，或者利用物联网技术实现库存的实时监控和预测性补货，均是可行的策略。

其次，企业需重视风险管理。在采购数字化的过程中，企业必须充分考虑各种潜在的风险因素，包括数据泄露、供应商违约等。因此，企业需要建立完善的风险管理机制，制定应对措施，确保采购数字化的顺利进行。此外，企业还需对供应商进行严格的筛选和评估，确保供应商的稳定性和可靠性。

再次，客户体验是关键因素。企业在推进采购数字化时，必须重视客户体验。改善系统界面设计、简化操作流程、提供定制化服务等措施，可以提升客户满意度及忠诚度。同时，企业应构建有效的反馈机制，以便及时收集并处理客户的意见与建议，持续对采购数字化系统进行优化与完善。

最后，合规性是不可忽视的要素。企业在采购数字化的实施过程中，必须严格遵循相关法律法规及行业标准，确保采购活动的合规性与公正性。例如，在采购流程中应坚持公开、公平、公正的原则，保证供应商选择过程的透明度；同时，在签订及执行采购合同时，亦应严格遵守相应的法律法规及行业规范。

综上所述，采购数字化对于企业而言，是提升采购效率、降低采购成本、提升采购质量及加强供应链协同的关键途径。然而，在执行过程中，企业必须全面考量技术和资金投入、流程优化、数据管理、人才培养，以及持续创新、风险管理、客户体验和合规性等关键要素，以保障采购数字化的顺利推进。

6.3　采购数字化的实施步骤

在明确采购数字化的趋势、其对企业的价值及要求后，企业需进一步细化实施步骤，以确保转型的顺利进行。这些步骤包括明确目标和需求、对现有采购流程进行评估和分析、选择适配技术和平台、设计和实施新的采购流程、员工培训和推广以及监控和改进等，每一步均承载着转型成功的关键要素。

明确目标和需求是采购数字化的首要前提。企业应精确界定采购数字化的目标，如提升采购效率、降低采购成本、优化采购质量等，同时紧密结合实际业务需求，明确具体的数字化需求，确保转型的针对性和实用性。

对现有采购流程进行评估和分析是不可或缺的一环。通过 S-OTEP 模型，企业深入剖析现有采购流程，识别存在的问题，如信息不对称、流程烦琐、效率低下等，并针对这些问题制定针对性的改进措施，为后续的采购数字化奠定坚实基础。

在选择适配的技术和平台时，企业必须以目标和需求为导向，综合考虑各种因素。电子采购系统、在线市场、云计算等平台和技术各具特色，适用于不同的业务场景。结合企业实际情况，选择最合适的技术和平台，是确保采购数字化顺利推进的关键。

在设计和实施新的采购流程时，企业应充分考虑自身的实际业务需求和技术特点。新的采购流程应涵盖电子招标、在线订单、电子支付等核心环节，实现自动化、智能化和透明化。同时，企业需关注新的采购流程与现有系统的兼容性和稳定性，确保采购数字化的顺利进行。

员工培训和推广是采购数字化成功的关键所在。企业应组织专业的培训课程，帮助员工熟悉和掌握新的采购流程；同时，通过多渠道宣传推广，提高员工对数字化转型的接受度。只有当员工充分理解和积极参与采购数字化时，企业方能确保其顺利实施和取得实效。

最后，监控和改进是采购数字化的永恒课题。企业应建立完善的监控和评估机制，定期对采购数字化效果进行评估。通过收集和分析数据，企业可了解采购数字化的实际效果和存在的问题，并及时采取改进措施。同时，关注行业动态和技术发展趋势，及时调整和优化采购数字化战略，能确保企业在激烈的市场竞争中保持领先地位。

综上所述，采购数字化是一项系统工程，需要企业从多个方面综合考虑和全面规划。只有做好这些工作，企业才能成功实现采购数字化，为自身的发展注入新的活力和动力。

6.4　采购数字化的要点与风险

采购数字化作为市场的主流趋势，对企业价值的创造具有显著影响。然而，此过程无法一蹴而就，而是需要精心策划与实施的复杂工程。采购数字化不仅代表着企业传统业务的转型升级，同时也伴随着一定的风险。企业需充分了解采购数字化的要点及风险，以确保转型过程的稳妥与高效。下面从数据管理、流程优化、人才培养等维度，深入探讨企业采购数字化的要点。

首先，数据管理在采购数字化中占据核心地位。构建完善的数据管理体系，是确保采购活动高效进行的基础。这包括全面收集、整理、分析和存储数据，确保数据的安全性和准确性。借助先进的数据库技术，详细记录和分析供应商信息、产品价格、历史交易数据等，可为采购决策提供有力支持。同时，采取严格的数据加密和访问控制策略，可保障数据的安全。

其次，流程优化是提升采购效率和效果的关键。企业应基于 **S-OTEP** 模型分析采购战略，设计并持续优化流程体系，包括端到端主流程、业务流程、管理流程与辅助流程，确保流程与采购战略契合。随着技术的不断发展，企业应利用自动化和智能化的工具减少人工干预和错误，提高采购流程的透明度和可追溯性。例如，通过电子招标平台实现招标流程的自动化，可以提高效率和公正度。

最后，在人才培养方面，应注重培养和引进具备相关技能的人才。采购数字化要求员工掌握数据分析、电子商务、供应链管理等新技能。因此，企业应通过培训等方式提升员工的专业素养和技能水平，并积极引进具备数字化思维和创新能力的人才，为采购数字化的发展注入新动力。

然而，在推进采购数字化的过程中，企业也面临一系列风险。首先是管理体系设计风险。企业应基于自身业务模式与运营方案，选择最优的数字化方案，而非简单依赖市场信息化软件。其次是技术风险，包括系统故障、数据泄露等。为降低这些风险，企业需采用成熟稳定的技术方案，并进行定期维护和升级，同时建立完善的数据备份和恢复机制。再次，操作风险也不可忽视。采购数字化需要员工掌握新技能和方法，这就可能引发操作失误的风险。因此，企业需加强员工培训和教育，增强他们的操作技能和安全意识，并建立完善的操作规范和流程，明确各岗位的责任和权限。最后，合规风险也是企业必须面对的。采购数字化需遵守相关法律法规和行业标准，如数据安全法、电子商务法等。企业应密切关注相关法律法规的变化，及时调整和完善采购数字化的策略和措施，并增强合规意识和风险管理意识，确保采购活动始终在合规的轨道上进行。

6.5 采购数字化效果评估的关键要点

在现今高度数字化、信息化的商业生态中，采购系统的数字化转型已成为众多企业提升市场竞争力、降低运营成本的核心策略。为顺应时代趋势，多家企业已积极投身于采购数字化。

在此过程中，企业必须清醒地认识到，采购数字化作为自身提升核心竞争力的关键途径，不仅需要确立明确的目标，还需及时评估其效果，以确保采购数字化的实际成效。

以全球知名的计算机制造企业戴尔为例，其供应链管理与采购活动历来是企业运营的核心。近年来，为提升采购效率、降低采购成本、提高采购质量，戴尔已全面推行采购数字化，实现了采购活动的全面数字化管理。在此过程中，戴尔对采购周期、采购成本、采购质量等方面进行了全面而细致的数字化效果评估。

在采购质量方面，戴尔不仅利用采购数字化系统对供应商表现和产品质量进行实时监控，还针对传统采购系统中存在的问题，升级了质量管理标准，为采购系统增添了质量追溯和控制功能。此举有效弥补了传统采购系统的不足，全面保障了采购产品的质量，进而确保了戴尔计算机的高品质。

从戴尔的采购数字化策略中，我们可以看到，对采购数字化系统进行及时的评估，不仅能够确保升级的质量，还能提升新采购系统与企业的契合度。下面将从多个维度深入剖析企业采购数字化效果评估的关键要点。

1. 采购周期是衡量采购效率的重要指标之一

在采购领域实施数字化转型之前，传统的采购流程往往呈现出烦琐且耗时的特点，其中涉及需求的确认、供应商的筛选、报价的比较及合同的签订等诸多环节。然而，随着采购数字化的逐步推进与实施，这些环节经历了显著的简化和优化。借助自动化系统、智能化数据分析技术及云端信息共享技术，企业得以更迅速地推进采购流程，显著减少了人为干预和等待时间，从而大幅缩短了采购周期。以宝马集团为例，其电子化和自动化的采购流程极大地减少了人工操作的时间和错误，实现了采购效率约25%的提升。

2. 采购成本是评估采购数字化效果的关键指标之一

通过实施采购数字化，企业能够更高效地控制采购成本，进而实现采购成本的缩减。一方面，采购数字化促进了企业集中采购的实施，扩大了采购规模，使企业争取到更具竞争力的价格成为可能。另一方面，借助智能化的供应商管理和库存管理，企业能够减少库存积压，降低库存成本，并且避免因市场价格波动而产生的额外成本。此外，采购数字化亦有助于降低人力资源成本，提升采购流程的自动化水平，减少人为失误和资源浪费。研究显示，采用采购数字化系统的公司平均能够实现采购成本降低超过10%。

3. 采购质量是采购活动的核心要素之一

在采购数字化的时代背景下，企业为确保采购质量，采取了供应商评估和产品质量检测的综合评估方法。通过此方法，企业能够更加精准地筛选出优质供应商，从而确保所采购的产品或服务均能达到预设的质量标准。此外，采购数字化系统的引入，还为企业提供了质量追溯和质量控制的强大工具，确保了产品质量在整个供应链中的稳定性。以某汽车制造企业为例，该企业通过引入采购数字化系统，实现了对供应商评估和产品质量检测的全面覆盖，显著提升了其采购质量。

4. 供应链协同是采购数字化带来的重要价值之一

在数字化浪潮的推动下，供应链协同已跃升为企业提升核心竞争力的关键环节。采购数字化的实施，使得企业能够与供应商、物流商等合作伙伴实现信息的无缝对接和高效协同，进而提高供应链的透明度和响应迅捷性。具体而言，企业借助采购数字化系统可实时掌握供应商的生产动态、库存状态等关键信息，便于灵活调整采购策略；同时，企业亦能与物流商共享物流数据，促进物流资源的优化配置和运输效能的提升。这种深度的协同作业模式不仅提高了供应链的运营效率，也显著增强了供应链的韧性和抗风险能力。

综上所述，采购数字化效果评估需从采购周期、成本、质量及供应链协同等多个维度进行。通过对这些关键要点的深入剖析和评估，企业能够深入理解采购数字化的成效和价值，为后续的采购决策提供坚实的数据支撑和有力指导。